Pr‹

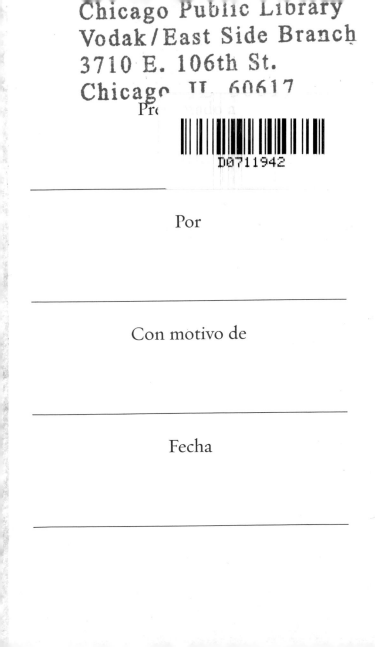

D0711942

Por

Con motivo de

Fecha

El libro de promesas de la Biblia

Mil Promesas de la Palabra de Dios

BARBOUR
PUBLISHING

© 2006 por Barbour Publishing, Inc.
ISBN-13: 978-1-59789-672-6

Publicado por Barbour Publishing, Inc., P.O. Box 719,
Uhrichsville, Ohio 44683, www.barbourbooks.com

Desarrollo Editorial:
Semantics, P. O. Box 290186, Nashville, TN 37229,
Email: semantics@tds.net

*Nuestra misión es publicar y distribuir productos inspiradores que
ofrezcan valor excepcional y motivación bíblica al público.*

ecpa Member of the
Evangelical Christian
Publishers Association

Impreso en los Estados Unidos de América.

5 4 3 2 1

INTRODUCCIÓN

Cualquiera sea la necesidad del momento, la respuesta está en la Escritura si tomamos el tiempo para buscarla. Cualquiera sea el sentimiento que tengamos, o lo que estemos sufriendo, o esperando, la Biblia tiene algo para decirnos.

Esta colección de pasajes bíblicos está hecha con el propósito de ser una guía bíblica sobre un problema en particular en su vida. De ninguna manera intenta reemplazar el estudio regular de la Biblia o el uso de una concordancia para un estudio más profundo sobre un tema. Existen muchas facetas en su vida y muchos temas en la Biblia que no están cubiertos en este libro.

No obstante, si un día se siente profundamente solo, algo del confort y la sabiduría de la Biblia está a su disposición en este libro bajo el tema, *Soledad*.

Los temas están ordenados alfabéticamente para facilitar su uso. Todos los pasajes bíblicos han sido tomados de la *Versión Nueva Vida™*. Esta versión de fácil lectura con un vocabulario de 850 palabras cuidadosamente controladas, señala conceptos importantes en una manera sencilla de entender. Creemos que usted encontrará en *El libro de promesas de la Biblia* de la versión Nueva Vida, un libro muy útil y de gran motivación para su vida espiritual.

LOS EDITORES

CONTENIDO

ADORACIÓN

Toda la tierra te alabará y cantará loores a Ti. Cantarán alabanzas a Tu nombre.

—SALMO 66:4

Vengan, inclinémonos en adoración. Pongámonos de rodillas ante el Señor que nos creó. Porque Él es nuestro Dios. Y nosotros el pueblo de Su tierra y ovejas al cuidado de Sus manos.

—SALMO 95:6–7

Honren al Señor nuestro Dios. Y alábenle en Su santo monte. Porque el Señor nuestro Dios es Santo.

—SALMO 99:9

Jesús nació en la ciudad de Belén, en el país de Judea, cuando Herodes era el rey de ese país. Poco tiempo después de nacer Jesús, unos hombres sabios que estudiaban las estrellas vinieron del oriente a Jerusalén, preguntando: ¿Dónde está el rey de los judíos que ha nacido? Hemos visto Su estrella en el oriente y venimos a adorarle.

—MATEO 2:1–2

Dios es Espíritu. Y los que Le adoran a Él deben adorarle en espíritu y en verdad.

—JUAN 4:24

Te guardaré del tiempo de la dificultad. El tiempo para probar a cada uno se acerca para todo el mundo. Haré esto porque tú me has oído y has esperado durante mucho tiempo. No te has desanimado. Vendré muy pronto. Retén lo que tienes para que ninguno quite tu premio.

—APOCALIPSIS 4:10–11

AMAR A DIOS

Entiende que el Señor tu Dios es Dios, el Dios fiel. Él guarda Sus promesas y muestra Su compasión amorosa a aquellos que Le aman y guardan Sus Leyes, aún a miles de grupos de familias en el futuro.

—DEUTERONOMIO 7:9

Yo amo a los que Me aman, y aquellos que Me buscan con insistencia Me hallarán.

—PROVERBIOS 8:17

Aquel que Me ama es aquel que tiene Mi enseñanza y la obedece. Y Mi Padre amará a quien Me ame. También Yo le amaré y Me mostraré a él.

—JUAN 14:21

Yo doy riquezas a aquellos que Me aman, y lleno sus graneros.

—PROVERBIOS 8:21

Regocíjate en el Señor. Y Él te dará los deseos de tu corazón.

—Salmo 37:4

El Señor cuida a todos los que Le aman. Pero destruirá a los pecadores.

—Salmo 145:20

Que Dios el Padre y el Señor Jesucristo dé paz y favor a todos los que aman al Señor Jesucristo con un amor que no cambia.

—Efesios 6:24

Porque él Me ha amado a Mí, lo libraré de sus problemas. Lo pondré en un lugar alto, seguro, porque él ha conocido Mi nombre.

—Salmo 91:14

Las sagradas escrituras dicen: "Ningún ojo ha visto, ningún oído ha escuchado, y ninguna mente ha pensado las cosas maravillosas que Dios ha preparado para los que le aman.

—1 Corintios 2:9

Oigan y obedezcan todas las Leyes que Yo les estoy diciendo hoy. Amen al Señor su Dios. Trabajen para Él con todo su corazón y alma. Si hacen esto, Él les dará la lluvia para sus campos en el tiempo oportuno, las lluvias tempranas y las tardías. Para que ustedes cosechen y tengan sus granos, su vino nuevo y su aceite. Él también les dará la hierba para su ganado, entonces comerán y se saciarán.

—Deuteronomio 11:13–15

AMOR DE DIOS

Porque Dios amó tanto al mundo que dio a Su único Hijo, para que quien confía en el Hijo de Dios no se pierda sino que tenga una vida que dura para siempre.

—JUAN 3:16

⸎

Él te amará y te hará bien y hará de ti una gran nación. Él traerá bien a tus hijos y al fruto de tu tierra, tus granos, tu vino nuevo y tu aceite. Y Él te dará mucho ganado y muchas crías en el rebaño, en la tierra que les prometió a tus padres que te daría.

—DEUTERONOMIO 7:13

⸎

El Señor abre los ojos de los ciegos. El Señor levanta a aquellos que están caídos. El Señor ama a aquellos que son justos y buenos.

—SALMO 146:8

⸎

Así como el hombre joven se casa con una mujer joven que no haya conocido a ningún hombre antes, así tus hijos se casarán contigo. Y así como el hombre que se va casar encuentra gozo en su prometida, así Dios encontrará gozo en ti.

—ISAÍAS 62:5

⸎

El Señor vino a nosotros desde muy lejos diciendo: "Yo te he amado con un amor que no se acaba. Por eso, con misericordia te he ayudado a que vengas a Mí".

—JEREMÍAS 31:3

⸎

Y el mismo Señor Jesucristo y Dios Padre nuestro, el cual
nos amó, también nos dio consolación que dura para
siempre y buena esperanza. Que Él consuele sus corazones
y les dé fuerzas para decir y hacer toda buena obra.

—2 TESALONICENSES 2:16–17

El Señor tu Dios está contigo, el Poderoso que gana la
batalla. Él tendrá gran gozo contigo. Con Su amor, Él
te dará una vida nueva. Cantando a gran voz se
gozará contigo.

—SOFONÍAS 3:17

Traeré a Mi gente de regreso hacia Mí. No les negaré
Mi amor, porque ya no estoy enojado con ellos.

—OSEAS 14:4

El Señor odia el camino del pecador, pero Él ama a
aquellos quienes siguen lo que es correcto y bueno.

—PROVERBIOS 15:9

Pero Dios estaba lleno de amor para con nosotros. Nos
amó con tan gran amor que aun cuando estábamos
muertos por nuestros pecados, Él nos dio vida por lo
que hizo por nosotros. Ustedes han sido salvados del
castigo de sus pecados por medio del gran favor de
Dios. Dios nos levantó de la muerte cuando levantó a
Cristo Jesús. Nos ha dado un lugar con Cristo en el
cielo. Él hizo esto para demostrarnos en los tiempos
venideros las grandes riquezas de Su favor. Y nos ha
mostrado esta bondad por medio de Cristo Jesús.

—EFESIOS 2:4–7

Tendré gozo en hacerles bien. Y seré fiel en plantarlos en esta tierra, con todo Mi corazón y con toda Mi alma.

—JEREMÍAS 32:41

━━◌◌◌━━

Esto es el amor, no que nosotros hayamos amado a Dios, sino que Él nos amó a nosotros. Y mandó a su Hijo a pagar por nuestras culpas con su sangre.

—1 JUAN 4:10

━━◌◌◌━━

Porque el Padre mismo les ama. Él les ama porque ustedes Me aman y creen que vengo del Padre.

—JUAN 16:27

━━◌◌◌━━

Hemos llegado a saber y creer que Dios nos ama. Dios es amor y, si viven en amor, viven con la ayuda de Dios. Dios vive en ustedes.

—1 JUAN 4:16

━━◌◌◌━━

Nosotros amamos a Dios porque Él nos amó primero.

—1 JUAN 4:19

━━◌◌◌━━

Y Yo he hecho que conozcan Tú nombre y que lo sigan dando a conocer. Para que el amor que Me tienes pueda estar en ellos y Yo estar con ellos.

—JUAN 17:26

━━◌◌◌━━

Yo en ellos y ellos en Mí para que puedan ser una sola cosa perfecta. Entonces el mundo sabrá que Tú Me enviaste, y que Tú los amas como Tú Me amas a Mí.

—JUAN 17:23

━━◌◌◌━━

Amor, hermandad

Les doy una ley nueva. Deben amarse unos a otros
como Yo los he amado. Si se aman unos a otros, todos
los hombres sabrán que son Mis seguidores.

—Juan 13:34–35

Uno recibe el don de la fe; y otro, por el mismo Espíritu,
recibe el don de sanar a los enfermos. Uno recibe el
don de hacer obras poderosas, y otro recibe el de hablar
en nombre de Dios. Una persona recibe el don de
distinguir entre el Espíritu Santo y los espíritus malos, y
otra recibe el de hablar en lenguas. Todavía otra persona
recibe el don de interpretar estas lenguas angelicales.

—Romanos 12:9–10

No necesitan que nadie les escriba diciéndoles que
amen a sus hermanos cristianos, pues Dios les ha
enseñado a amarse unos a otros.

—1 Tesalonicenses 4:9

Pero cualquiera que ama a su hermano está en la luz y
no habrá razón para pecar.

—1 Juan 2:10

Ustedes han hecho puras sus almas, obedeciendo la
verdad por medio del Espíritu Santo. Este les ha dado
un amor verdadero para sus hermanos cristianos. Dejen
que sea un verdadero amor de corazón.

—1 Pedro 1:22

Queridos amigos, amémonos unos a otros; porque el amor viene de Dios. Aquellos que aman son hijos de Dios y Le conocen. Pero aquellos que no aman no conocen a Dios porque Dios es amor.

—1 JUAN 4:7–8

Mis hijitos, no amemos sólo de palabra; amemos de verdad con lo que hacemos.

—1 JUAN 3:18

Queridos amigos, si Dios nos ha amado tanto, entonces debemos amarnos unos a otros.

—1 JUAN 4:11

Dios los ha escogido a ustedes. Son santos y amados por Él. Por esto, su nueva vida debe estar llena de compasión. Deben ser bondadosos con los demás y no tener orgullo. Sean amables y estén dispuestos a mostrarse tolerantes con otros. Traten de comprender a otras personas. Perdónense unos a otros. Si tienen algo en contra de alguien, perdónenlo. Es así como el Señor los perdonó a ustedes.

—COLOSENSES 3:12–13

ARREPENTIMIENTO

Y decía: "La hora ha llegado; el reino de Dios está cerca. Cambien de actitud, dejen sus pecados y crean en las buenas nuevas".

—MARCOS 1:15

Entonces fueron y predicaron que todos los hombres deben cambiar su actitud acerca de sus pecados y dejarlos.

—MARCOS 6:12

❧

El Señor está cerca de aquellos que tienen el corazón herido. Y Él salva a los quebrantados de espíritu.

—SALMO 34:18

Él sana a aquellos que tienen el corazón quebrantado. Él los cura de sus tristezas.

—SALMO 147:3

Pero ustedes deben sentir dolor por sus pecados y apartarse de ellos. Deben volverse hacia Dios para que sus pecados sean borrados. Entonces, sus almas recibirán nuevas fuerzas del Señor.

—HECHOS 3:19

❧

Pero si el pecador se arrepintiera de todos los pecados que ha cometido y obedeciese todas Mis Leyes e hiciese lo que es recto y bueno, de seguro vivirá. Él no morirá. Ninguno de los pecados que ha hecho serán recordados en contra suya. Por las cosas buenas y justas que ha hecho, vivirá.

—EZEQUIEL 18:21–22

❧

AYUDA EN LOS PROBLEMAS

Pero la salvación de los que son rectos ante Dios, viene del Señor. Él es su fuerza en medio de los problemas.

—SALMO 37:39

❧

El Señor abre los ojos de los ciegos. El Señor levanta a aquellos que están caídos. El Señor ama a aquellos que son justos y buenos.

—SALMO 146:8

El Señor es bueno, un lugar seguro en tiempo de problemas. Y Él conoce a aquellos que vienen a Él para ser salvos.

—NAHUM 1:7

Cuando alguien tropiece, no quedará caído, porque el Señor lo sostiene de Su mano.

—SALMO 37:24

Tú eres mi escondite. Tú me guardas del peligro. Estoy rodeado de tus cantos de liberación.

—SALMO 32:7

Tú me has expuesto a muchos problemas de todo tipo. Sin embargo Tú me harás fuerte otra vez. Y me levantarás una vez más de lo profundo de la tierra.

—SALMO 71:20

¿Por qué estás triste alma mía? ¿Por qué te has angustiado dentro de mí? Confía en Dios, porque aun así alabaré a Él, mi ayudador y mi Dios.

—SALMO 42:11

Aunque mi cuerpo y mi corazón se debiliten, Dios es la fortaleza de mi vida y es todo lo que necesito para siempre.

—SALMO 73:26

Nada te hará daño. Ningún peligro vendrá cerca de tu tienda. Porque Él le dirá a Sus ángeles que te cuiden y que te guarden en todos tus caminos.

—SALMO 91:10–11

Aquellos que siembran con lágrimas recogerán su fruto con canciones de gozo. Aquel que va llorando mientras lleva su bolsa de semillas volverá cantando de gozo al traer muchos granos consigo.

—SALMO 126:5–6

¡Amen al Señor, todos ustedes que pertenecen a Él! El Señor mantiene a salvo a los fieles. Pero Él les da su merecido a los orgullosos.

—SALMO 31:23

Cuando reposas con las ovejas, eres como las alas de una paloma cubiertas de plata, y brillo de oro en el borde de tus alas.

—SALMO 68:13

El Señor es mi fuerza y mi escudo. Mi corazón confía en Él y recibo ayuda. Mi corazón está alegre. Le agradeceré con mi canción.

—SALMO 28:7

Vean, el Señor mi Dios me ayuda. ¿Quién me podrá echar culpa?

—ISAÍAS 50:9

Porque Él no se ha alejado del sufrimiento de aquel que está en dolor o problemas. Él no ha escondido Su cara del necesitado. Por el contrario, Él ha escuchado su clamor por ayuda.

—Salmo 22:24

El Señor guarda a salvo a aquellos que sufren. Él es un refugio en tiempos de problemas.

—Salmo 9:9

Tú haces mi lámpara brillar. El Señor mi Dios ilumina mi oscuridad.

—Salmo 18:28

El hombre que hace lo que es recto y bueno podría llegar a tener muchos problemas. Pero el Señor lo libera de todos ellos.

—Salmo 34:19

Porque el Señor no abandonará al hombre para siempre. Porque si Él trae tristeza, Él también tendrá misericordia por Su gran amor. Él no quiere causar preocupaciones o tristezas a los hijos de los hombres.

—Lamentaciones 3:31–33

El Señor es mi roca, y mi refugio, el que me saca de todas mis angustias. Mi Dios es mi roca en Quien estoy seguro. Él es mi amparo, mi fortaleza y mi torre fuerte.

—Salmo 18:2

No te rías de mí, tú que me odias. Cuando me caigo, también me levanto. Aun cuando estoy en tinieblas, Él Será mi luz. Sufriré el enojo del Señor porque he pecado contra Él, hasta que Él hable y haga lo que es justo para mí. Él me sacará a la luz, y yo veré el poder de Su salvación.

—MIQUEAS 7:8–9

Les digo estas cosas para que ustedes puedan tener paz en Mí. Tendrán muchos problemas en el mundo. ¡Pero tengan valor! ¡Yo he vencido al mundo!

—JUAN 16:33

El Señor levanta a los que sufren, y derriba a los pecadores.

—SALMO 147:6

Porque el que venga a los inocentes los recuerda. Él no olvida el clamor de los que sufren.

—SALMO 9:12

BÚSQUEDA DE DIOS

Siembren para ustedes lo que es recto y bueno. Cosechen el fruto del amor eterno. Abran surcos en la tierra que no ha sido arada. Porque es tiempo de buscar al Señor hasta que Él venga y derrame el poder de Su salvación sobre ustedes.

—OSEAS 10:12

El Señor está contigo cuando tú estás con Él. Si lo buscas, Él dejará que lo encuentres. Pero si lo abandonas, Él te dejará a ti.

—2 CRÓNICAS 15:2

Siembren para ustedes lo que es recto y bueno. Cosechen el fruto del amor eterno. Abran surcos en la tierra que no ha sido arada. Porque es tiempo de buscar al Señor hasta que Él venga y derrame el poder de Su salvación sobre ustedes.

—OSEAS 10:12

Un hombre no puede agradar a Dios a menos que tenga fe. El que se acerca a Dios debe creer que Dios existe, y debe creer también que Dios da lo prometido a los que lo siguen buscando.

—HEBREOS 11:6

Debieran buscar a Dios. En verdad, podrían buscarlo y encontrarlo, ya que no está lejos de cada uno de nosotros.

—HECHOS 17:27

El Señor dice al pueblo de Israel: Búsquenme y vivirán.

—AMÓS 5:4

Pero desde allí buscarás al Señor tu Dios. Y lo encontrarás, si lo buscas con todo tu corazón y con toda tu alma.

—DEUTERONOMIO 4:29

La mano de nuestro Dios trae bien a todos los que Le buscan. Pero Su poder y Su enojo están en contra de todo aquel que se aparta de Él.

—ESDRAS 8:22

Y tú, mi hijo Salomón, conoce al Dios de tu padre. Sírvelo con todo tu corazón y una mente dispuesta. Porque el Señor mira dentro de los corazones, y entiende cada plan y pensamiento. Si lo buscas, Él dejará que lo encuentres. Pero si te apartas de Él, Él te abandonará para siempre.

—I CRÓNICAS 28:9

Me buscarás y Me encontrarás, cuando Me busques con todo tu corazón. Me encontrarás dice el Señor.

—JEREMÍAS 29:13–14

Aquellos que conocen Tu nombre confiarán en Ti. Porque Tú, oh Dios, nunca has dejado solos a aquellos que te buscan.

—SALMO 9:10

El Señor es bueno con aquellos que esperan en Él, con aquel que Le busca.

—LAMENTACIONES 3:25

CARIDAD

Aquel que muestra compasión al pobre lo hace también al Señor, y Él le pagará en retorno por su buen acto.

—PROVERBIOS 19:17

Feliz es el hombre que toma cuidado del pobre. El Señor lo salvará en tiempo de problemas. El Señor lo mantendrá vivo y seguro. Y él será feliz sobre la tierra. Tú no lo dejarás solo ante el deseo de los que lo odian.

—SALMO 41:1–2

⁕

Aquel que muestra compasión al pobre lo hace también al Señor, y Él le pagará en retorno por su buen acto.

—PROVERBIOS 19:17

⁕

Cuando hagas cena invita a los pobres, a los cojos que no pueden caminar y a los ciegos. Vas a recibir tu paga cuando la gente que está bien con Dios se levante de los muertos.

—LUCAS 14:13–14

⁕

Vendan lo que tengan y denles el dinero a los pobres. Tengan bolsas que nunca se desgasten, llenas de riquezas en el cielo. Esas riquezas nunca se acaban. Ningún ladrón se las puede llevar, ni pueden comérselas los insectos.

—LUCAS 12:33

⁕

Aquel que odia a su vecino peca, pero el que muestra amor al pobre es feliz.

—PROVERBIOS 14:21

⁕

Así como si arrojas el pan al agua, lo encontrarás después de varios días; así también invierte y comparte con otros, porque de esta manera siempre tendrás.

—ECLESIASTÉS 11:1

⁕

La justicia de Dios está con aquel que reparte sus bienes entre los pobres. Su poder será exaltado con honor.

—SALMO 112:9

⸙

El que mucho da será honrado, porque él da de su comida al pobre.

—PROVERBIOS 22:9

⸙

Den, y se les dará. Tendrán más que suficiente; medida apretada, más que llena, les será dada. De la misma manera que ustedes den a otros será como ustedes recibirán.

—LUCAS 6:38

⸙

Quien siempre le da al pobre nunca tendrá necesidad, pero a aquel que cierra sus ojos ante los pobres le ocurrirán muchas cosas malas.

—PROVERBIOS 28:27

⸙

Cada uno debe dar como ha decidido en su corazón. No debe dar de mala gana. Tampoco debe dar por obligación. Dios ama al que da con alegría.

—2 CORINTIOS 9:7

⸙

Hay alguien que da libremente, y aun así crece hasta ser rico. Pero hay otro que guarda para sí lo que debiera dar y al final termina necesitando más. El hombre que da más tendrá más, y aquel que ayuda a otros, se ayuda a sí mismo.

—PROVERBIOS 11:24–25

⸙

He sido joven, y ahora ya soy viejo. Pero en toda mi vida no he visto a un hombre que haya sido fiel a Dios y que Él lo haya desamparado o que sus hijos mendiguen pan. Todo el día él es generoso y deja que otros usen lo que él tiene. Y sus hijos lo hacen feliz.

—Salmo 37:25–26

⸺⸻⸺

Diles a los ricos de este mundo que no sean orgullosos, ni confíen en su dinero. En el dinero, no se puede tener confianza. Deben poner su confianza en Dios, que nos da todo lo que necesitamos para ser felices.

—1 Timoteo 6:17–18

⸺⸻⸺

Y los levitas que no recibieron lo que tú recibiste, y el extranjero, y el niño sin padres, y la mujer que ha perdido su marido, que viven en tus pueblos; podrán venir y comer y serán saciados. Entonces el Señor tu Dios te traerá bien en todo el trabajo hecho con tus manos.

—Deuteronomio 14:29

⸺⸻⸺

¿No es tiempo de compartir tu comida con el hambriento, y de traer al pobre que no tiene casa propia a tu casa? ¿No es tiempo de dar tu ropa a la persona que no tiene ropa, y tiempo de dejar de esconderte de tu propia familia? Entonces tu luz alumbrará como la mañana y pronto serás sanado. Tu rectitud y buenas obras irán delante de ti. Y el gran resplandor del Señor te acompañará.

—Isaías 58:7–8

⸺⸻⸺

No hagan buenas cosas solamente para que otros los vean. Si así lo hacen, no tendrán ningún premio del Padre que está en el cielo. Cuando den a los pobres, no sean como los hipócritas que se lo dicen a todos en los templos locales y en las calles, para que la gente hable bien de ellos. En verdad les digo, ellos ya tienen el pago que merecen. Cuando den, no dejen que la mano izquierda sepa lo que da la mano derecha. Lo que den debe ser en secreto, y su Padre que ve en secreto les dará su premio.

—MATEO 6:1–4

"Entonces el Rey dirá a los que están a Su lado derecho: 'Vengan los que han sido llamados por Mi Padre. Entren en el reino de los cielos que ha sido preparado para ustedes desde antes de que el mundo fuera hecho. Porque tuve hambre, y ustedes Me dieron de comer. Tuve sed, y Me dieron de beber. Fui forastero, y Me hospedaron. Estuve desnudo, y Me dieron ropa. Estuve enfermo, y Me atendieron. Estuve en la cárcel, y Me visitaron'". "Entonces los fieles ante Dios dirán: 'Señor, ¿cuándo te vimos con hambre y te dimos de comer? ¿Cuándo te vimos con sed y te dimos de beber? ¿Cuándo fuiste forastero y te dimos hospedaje? ¿Cuándo estuviste desnudo y te dimos ropa? ¿Y cuándo te vimos enfermo o en la cárcel y te visitamos?' Entonces el Rey dirá: 'En verdad les digo que por haber hecho esto a uno de Mis hermanos pequeñitos, Me lo han hecho a Mí'".

—MATEO 25:34–40

Y si tú das lo que tienes al hambriento y satisfaces las necesidades de aquellos que sufren, entonces tu luz brillará en la oscuridad y tu oscuridad será como la claridad del día.

—ISAÍAS 58:10

Jesús lo miró con amor y Le dijo: "Todavía hay algo que te falta hacer. Ve, vende todo lo que tienes y da el dinero a los pobres; pues así tendrás riquezas en el cielo. Luego ven y sígueme".

—MARCOS 10:21

CELOS

No desees la mujer de tu vecino. No desees la casa de tu vecino, su campo, sus sirvientes, su toro, su asno, o cualquier cosa que pertenezca a tu vecino.

—DEUTERONOMIO 5:21

¿Creen que las sagradas escrituras dicen en vano que "el Santo Espíritu que Dios ha puesto en nuestras vidas quiere celosamente que Le seamos fieles a Él"?

—SANTIAGO 4:5

He visto que todo el trabajo hecho por un hombre es porque quiere lo que su vecino tiene. Esto no tiene sentido, es vanidad, es como tratar de atrapar el viento.

—ECLESIASTÉS 4:4

No seas celoso del hombre que hace mal a otros, y no elijas ninguno de sus caminos.

—PROVERBIOS 3:31

—◦◦◦—

Dondequiera que encuentren envidias y pleitos, encontrarán problemas y toda clase de maldad.

—SANTIAGO 3:16

—◦◦◦—

Descansa en el Señor y está dispuesto a esperar en Él. No te desesperes cuando todo le va bien al que lleva a cabo sus planes pecaminosos.

—SALMO 37:7

—◦◦◦—

El hombre pecador se enorgullece de los deseos de su corazón, alaba a aquellos quienes quieren tener de todo y hablan mal del Señor.

—SALMO 10:3

—◦◦◦—

Un corazón que tiene paz es vida para el cuerpo, pero tener deseos equivocados destruye hasta los huesos.

—PROVERBIOS 14:30

—◦◦◦—

He visto que todo el trabajo hecho por un hombre es porque quiere lo que su vecino tiene. Esto no tiene sentido, es vanidad, es como tratar de atrapar el viento.

—ECLESIASTÉS 4:4

—◦◦◦—

El enojo causa problemas, y el mal temperamento es como una inundación; pero ¿quién puede entender cuando hay celos?

—PROVERBIOS 27:4

—◦◦◦—

No seamos orgullosos en lo que no debemos, ni nos enojemos ni tengamos envidia entre nosotros mismos.

—GÁLATAS 5:26

No seas envidioso del pecador. Ni quieras estar con él.

—PROVERBIOS 24:1

Pero si tienen envidia en su corazón y pelean por tener muchas cosas, no sientan orgullo de esto. No mientan contra la verdad.

—SANTIAGO 3:14

No dejes que tu corazón envidie a los pecadores, mas vive en el temor del Señor siempre. De seguro hay un futuro y tu esperanza no será cortada.

—PROVERBIOS 23:17–18

Jesús les dijo a sus seguidores: "Por esto, les digo que no se preocupen por su vida o lo que tienen que comer. Ni se preocupen por sus cuerpos o lo que vayan a vestir. La vida es más que la comida, y el cuerpo más que el vestido".

—LUCAS 12:22–23

CHISME

No vayas por allí diciendo cosas que hieren a tu gente. No hagas cosas en contra de la vida de tu prójimo. Yo soy el Señor.

—LEVÍTICO 19:16

Las palabras que uno habla acerca de otros en secreto, son como bocados tentadores de comida. Estos van a las partes internas de tu cuerpo.

—PROVERBIOS 18:8

❦

El que revela los secretos de otros va dañando y destruyendo la confianza. No compartas con aquellos que hablan acerca de otros.

—PROVERBIOS 20:19

❦

El que siempre está contando historias revela los secretos de otros, mas aquel en quien se puede confiar mantiene las cosas en secreto.

—PROVERBIOS 11:13

❦

El hombre malo desparrama problemas. Uno que lastima a la gente hablando mal separa a los buenos amigos.

—PROVERBIOS 16:28

❦

Tú que mientes, tu lengua hace planes para destruir como un cuchillo filoso.

—SALMO 52:2

❦

El viento del norte trae lluvia, y una lengua que daña a la gente trae miradas de enojo.

—PROVERBIOS 25:23

❦

Refrena tu lengua de pecar y tus labios de hablar mentira.

—SALMO 34:13

❦

Cuando no hay madera el fuego se apaga. Donde no hay quien cuente historias secretas sobre la gente, las discusiones cesan.

—PROVERBIOS 26:20

COMIDA Y ABRIGO

Tú tendrás mucho para comer y saciarte. Y glorificarás el nombre del Señor tu Dios, Quien ha hecho cosas maravillosas para ti. Y ustedes Mi pueblo nunca serán avergonzados.

—JOEL 2:26

Él crea paz dentro de tus paredes. Él te da abundancia con los mejores granos.

—SALMO 147:14

Él da de comer a los que Le temen. Él siempre recordará Su pacto.

—SALMO 111:5

El hombre que hace lo recto ante Dios tiene todo el alimento que necesita, pero el estómago del pecador nunca se sacia.

—PROVERBIOS 13:25

Les daré muchas cosas buenas. Les daré a sus pobres mucho pan.

—SALMO 132:15

No estén preocupados, ni digan: '¿Qué vamos a comer?'
o '¿qué vamos a beber?' o '¿con qué vamos a vestirnos?'
La gente que no conoce a Dios busca todas estas cosas.
El Padre que está en los cielos sabe que ustedes
necesitan todo eso

—MATEO 6:31–32

CONFIAR

Porque nuestro Señor y Dios es nuestra luz y protección.
Él nos da favor y honor. Él no retiene ninguna bendición
a aquellos que caminan en lo recto. ¡Oh Señor de todas
las cosas, feliz es el hombre que en Ti confía!

—SALMO 84:11–12

Confía en el Señor y haz lo bueno. Entonces vivirás en
la tierra y serás alimentado. Sé feliz en el Señor y Él te
dará los deseos de tu corazón. Entrégale tu camino al
Señor, confía también en Él y Él hará.

—SALMO 37:3–5

Confía en el Señor con todo tu corazón y no confíes en
tu propio entendimiento. Ponte de acuerdo con Él en
todo lo que hagas y Él hará que tu camino sea recto.

—PROVERBIOS 3:5–6

Qué feliz es el hombre que ha puesto su confianza en el
Señor, y no se ha dejado llevar por los orgullosos y los
seguidores de mentiras.

—SALMO 40:4

Aquellos que confían en el Señor son como el monte de Sion, que no se mueve sino que permanece para siempre.

—Salmo 125:1

———— ⚬⚬⚬ ————

El ser recto y bueno traerá paz. De hacer lo recto y lo bueno vendrá la calma y la confianza para siempre.

—Isaías 32:17

———— ⚬⚬⚬ ————

Y ustedes son hijos de Dios porque han confiado en Cristo.

—Gálatas 3:26

———— ⚬⚬⚬ ————

Los pecadores y los falsos maestros irán de mal en peor. Engañarán a otros y serán engañados ellos mismos. Pero, persiste tú en lo que has aprendido y sabes de la verdad. Recuerda dónde lo aprendiste.

—2 Timoteo 3:14–15

———— ⚬⚬⚬ ————

Porque Dios amó tanto al mundo que dio a Su único Hijo, para que quien confía en el Hijo de Dios no se pierda sino que tenga una vida que dura para siempre.

—Juan 3:16

———— ⚬⚬⚬ ————

Todos los antiguos predicadores hablaron de esto. Todos los que crean en Él recibirán el perdón de sus pecados, por Su nombre.

—Hechos 10:43

———— ⚬⚬⚬ ————

Las sagradas escrituras dicen: "¡Escucha! Pongo en Jerusalén una piedra en la que se tropezará la gente, y se caerá. Pero la persona que ponga su confianza en esa piedra (Cristo) no será avergonzada".

—ROMANOS 9:33

Pero a aquellos que Le recibieron les dio el derecho y el poder de llegar a ser hijos de Dios. Dio esto a aquellos que creyeron en Su nombre.

—JUAN 1:12

Toda persona que cree en el Hijo de Dios no es culpable, pero la persona que no cree en Él ya es culpable, porque no cree en el nombre del Hijo de Dios.

—JUAN 3:18

Aquel que confía en el Hijo tiene vida que durará para siempre. Y aquel que no cree en el Hijo no tendrá vida. El enojo de Dios está sobre él.

—JUAN 3:36

Las sagradas escrituras dicen: "Miren, Yo pongo en Jerusalén una piedra de gran valor. Es de más precio que ninguna cantidad de dinero. Cualquiera que crea en ella, no será avergonzado".

—1 PEDRO 2:6

Ellos Le respondieron: "Cree en el Señor Jesucristo y serás salvo del castigo del pecado, tú y tu familia".

—HECHOS 16:31

Vine al mundo para ser la luz. Cualquiera que cree en Mí no andará en tinieblas.

—JUAN 12:46

Entonces Jesús les dijo: "Yo soy el pan de vida. El que viene a Mí nunca tendrá hambre. Aquel que pone su fe en Mí nunca tendrá sed".

—JUAN 6:35

Porque en verdad les digo que el que cree en Mí tendrá vida que dura para siempre.

—JUAN 6:47

CONTENTAMIENTO

Un corazón alegre es medicina para el cuerpo, pero un espíritu quebrantado seca los huesos.

—PROVERBIOS 17:22

Guarden sus vidas libres del amor al dinero. Sean felices con lo que tienen. Dios dijo: "Nunca te abandonaré ni te dejaré solo".

—HEBREOS 13:5

Todos los días son duros para el angustiado, pero el corazón contento está de fiesta todo el tiempo.

—PROVERBIOS 15:15

Un corazón que tiene paz es vida para el cuerpo, pero tener deseos equivocados destruye hasta los huesos.

—PROVERBIOS 14:30

———∞∞∞———

La vida cristiana nos da mucho, nos sentimos felices cuando nos damos cuenta de lo que tenemos.

—1 TIMOTEO 6:6

No dejes que tu corazón envidie a los pecadores, mas vive en el temor del Señor siempre. De seguro hay un futuro y tu esperanza no será cortada.

—PROVERBIOS 23:17–18

———∞∞∞———

CORAJE

Espera en el Señor. Sé fuerte. Deja que tu corazón sea fuerte. Sí, espera en el Señor.

—SALMO 27:14

———∞∞∞———

Porque el Señor ama lo que es justo y recto. Él no abandona a los que Le pertenecen. Ellos son guardados para siempre. Mas los niños de los pecadores serán cortados.

—SALMO 37:28

———∞∞∞———

Mas ahora el Señor Quien te ha creado, oh Jacob, y el Señor Quien te ha formado oh Israel, dice: "!No temas. Porque Yo te he comprado y te hecho libre. Te he llamado por tu nombre. Tú eres Mío!"

—ISAÍAS 43:1

———∞∞∞———

Él respondió: "No temas, porque los que están con nosotros son más que los que están con ellos".

—2 Reyes 6:16

⸻

Confía en el Señor y haz lo bueno. Entonces vivirás en la tierra y serás alimentado.

—Salmo 37:3

⸻

Él da fuerzas al débil. Y Él da poder al que tiene pocas fuerzas.

—Isaías 40:29

⸻

Sé fuerte. Sean fuertes en sus corazones, todos los que esperan en el Señor.

—Salmo 31:24

⸻

Sé vivir con muy poco y también cuando tengo mucho. He aprendido el secreto de estar feliz en todo tiempo. Si tengo mucho alimento y todo lo que necesito, estoy contento. Si tengo hambre y necesidad de algo, estoy feliz. Puedo hacerlo todo, porque Cristo me da fuerza.

—Filipenses 4:12–13

⸻

¿No te he dicho? ¡Sé fuerte y ten valor en tu corazón! No temas ni pierdas tu fe. Porque el Señor tu Dios está contigo en cualquier lugar que vayas.

—Josué 1:9

⸻

¡Velen y estén alerta! Manténganse firmes en la fe. Pórtense como verdaderos hombres. Esfuércense.

—1 Corintios 16:13

⸻

CORRECCIÓN DE DIOS

El Señor corrige a quien ama. Él disciplina a cada hijo
que recibe.

— PROVERBIOS 3:12

Feliz es el hombre quien es castigado hasta que
abandona el pecado, oh Señor, y aquel a quien Tú le
enseñas tu Ley. Le das paz para los días de aflicción,
mientras que al pecador se le prepara un hoyo.

—SALMO 94:12--13

Ésta es la razón por la que no desmayamos. Nuestro
cuerpo humano se va desgastando. Pero nuestro espíritu
se fortalece cada día. Los pequeños problemas que
sufrimos ahora por un corto tiempo nos están
preparando para las grandes cosas que Dios nos va a
dar para siempre.

—2 CORINTIOS 4:16--17

Por un corto tiempo nuestros padres terrenales nos
disciplinaron como les parecía a ellos. Pero Dios nos
disciplina por nuestro bien para que seamos santos
como Él es santo. No hay gozo mientras somos
corregidos. Es duro de aceptarlo, pero luego podemos
ver el bien que ha producido. Y nos da la paz de ser
rectos delante de Dios.

—HEBREOS 12:10—11

Por eso sabe en tu corazón que el Señor tu Dios estaba castigándote de la misma manera que un hombre castiga a su hijo. Guarda las Leyes del Señor tu Dios. Camina en Sus caminos, y témele

—DEUTERONOMIO 8:5–6

CULPA

Pero si Le confesamos a Él nuestros pecados, podemos confiar en que Él nos perdonará todo pecado. Él limpiará nuestras vidas.

—1 JUAN 1:9

Que el pecador abandone su camino, y el que no conoce a Dios cambie su modo de pensar. Que se vuelva al Señor y Él tendrá misericordia de él. Que se vuelva a nuestro Dios porque de seguro Él perdonará todos sus pecados.

—ISAÍAS 55:7

Si se convierten al Señor, tus hermanos y tus hijos recibirán misericordia por parte de aquellos que los cautivaron, y regresarán a esta tierra. Porque el Señor tu Dios es bueno y amoroso. Él no los abandonará si se vuelven a Él.

—2 CRÓNICAS 30:9

Él ha separado nuestros pecados de nosotros mismos tan lejos como el este está del oeste.

—SALMO 103:12

Y si nuestro corazón dice que no hemos hecho el bien, recuerden que Dios es más grande que nuestro corazón. Él sabe todas las cosas.

—1 JUAN 3:20

Estaré lleno de amor para con ellos; perdonaré sus maldades. No Me acordaré ya más de sus pecados.

—HEBREOS 8:12

De manera que si alguien pertenece a Cristo, es una nueva persona. La vida antigua terminó, y ha empezado una vida nueva.

—2 CORINTIOS 5:17

Yo perdonaré sus pecados. Yo no recordaré más sus pecados.

—JEREMÍAS 31:34

Yo los limpiaré de todos los pecados que han hecho contra Mí. Yo les perdonaré todos sus pecados contra Mí.

—JEREMÍAS 33:8

Les estoy escribiendo, hijitos, porque sus pecados les han sido perdonados en el nombre de Cristo.

—1 JUAN 2:12

Yo, Yo mismo, soy el que borra tus pecados por Quien Yo Soy. Y no Me acordaré de ellos.

—ISAÍAS 43:25

Pero si vivimos en luz como Él está en luz, compartimos lo que tenemos en Dios con otros, y la sangre de Jesucristo, Su Hijo, limpia nuestras vidas de todo pecado.

—1 Juan 1:7

—◦◦◦—

Dinero

No trabajes duro para hacerte rico. Deja de tratar de conseguir cosas para ti mismo. Tan pronto como fijas tus ojos en las cosas materiales, ellas desaparecen. Es así, las riquezas son como alas de águila que se van volando hacia el cielo.

—Proverbios 23:4–5

—◦◦◦—

Lo poco que tiene el justo delante de Dios es mejor que las riquezas de muchos pecadores.

—Salmo 37:16

—◦◦◦—

Escuchen, mis queridos hermanos: Dios ha escogido a aquellos que son pobres, porque no tienen nada de este mundo, para ser ricos en fe. El reino de los cielos es de ellos. Esto es lo que Dios prometió a los que Le aman.

—Santiago 2:5

—◦◦◦—

Es mejor una mano llena con tranquilidad que dos manos llenas de trabajo corriendo como tratando de agarrar el viento.

—Eclesiastés 4:6

—◦◦◦—

Por el sufrimiento del débil, y por el clamor del pobre,
Yo Me levantaré ahora, dice el Señor. Yo lo mantendré
a salvo como él ha querido.

—SALMO 12:5

⸺⸙⸺

El Creador se avergüenza de aquel quien se ríe de los
pobres. Y aquel quien se alegra de sus problemas será
castigado.

—PROVERBIOS 17:5

⸺⸙⸺

No te abuses del pobre porque es pobre o menosprecies
a aquellos que sufren en las puertas de la ciudad.

—PROVERBIOS 22:22

⸺⸙⸺

Diles a los ricos de este mundo que no sean orgullosos,
ni confíen en su dinero. En el dinero, no se puede tener
confianza. Deben poner su confianza en Dios, que nos
da todo lo que necesitamos para ser felices. Diles que
hagan el bien y sean ricos en buenas obras. Deben dar
mucho a los que tienen necesidad y estar dispuestos a
compartir. Así juntarán riquezas para ellos mismos,
pues esas buenas obras serán su tesoro para el futuro.
En esa manera, tendrán la única vida verdadera.

—1 TIMOTEO 6:17–19

⸺⸙⸺

Los ricos arrojarán su plata en las calles, y su oro se
convertirá en algo impuro. Su plata y su oro no les
podrán ayudar en el día de la ira de Dios. Ellos no
podrán saciar su hambre o llenar sus estómagos con sus
riquezas. Porque las riquezas han sido la causa de que
ellos cayeran en pecado.

—EZEQUIEL 7:19

⸺⸙⸺

El hombre trabajador descansa placenteramente, ya sea que coma poco o mucho. Pero el rico aun con su estomago lleno no puede dormir. Hay algo que yo he observado que está muy mal debajo del sol: Las riquezas son guardadas por el dueño, y él es herido por éstas. Cuando las riquezas se pierden porque han sido mal usadas, y el rico ha venido a ser padre de un hijo, a éste no le queda nada.

—ECLESIASTÉS 5:12–14

Recuerda al Señor tu Dios. Porque es Él Quien te da el poder para ser rico. Haciendo esto, Él guarda Su promesa la cual Él ha prometido a tus padres.

—DEUTERONOMIO 8:18

Mas aquellos en necesidad no serán olvidados para siempre. La esperanza del pobre no se perderá para siempre.

—SALMO 9:18

Tanto las riquezas como el honor vienen de Ti. Tú gobiernas sobre todas las cosas. El poder y la fuerza están en Tus manos. El poder está en Tu mano para hacer grandes cosas y para dar fuerzas a todos.

—1 CRÓNICAS 29:12

El que confía en sus riquezas caerá, mas aquellos que son rectos ante Dios crecerán como hojas verdes.

—PROVERBIOS 11:28

El hombre fiel tendrá muchas cosas buenas, mas el que se apura para ser rico será castigado por ello.

—PROVERBIOS 28:20

———

Las riquezas no tienen uso en el día de la ira de Dios, mas ser recto delante de Dios salva de la muerte.

—PROVERBIOS 11:4

———

Hay uno que pretende ser rico, pero no tiene nada. Y hay otro que pretende ser pobre, mas tiene muchas riquezas.

—PROVERBIOS 13:7

———

Aquel quien ama el dinero nunca tendrá suficiente para hacerse feliz. Lo mismo es para aquel que ama las cosas materiales. Esto tampoco sirve para nada.

—ECLESIASTÉS 5:10

———

Aquel quien le hace la vida difícil al pobre acaparando más para sí mismo, terminará pobre él mismo.

—PROVERBIOS 22:16

El hombre de ojos perversos corre para ser rico. Él no sabe que tendrá necesidad.

—PROVERBIOS 28:22

———

El rico y el pobre están juntos. El Señor es el creador de ambos.

—PROVERBIOS 22:2

———

Llegamos a este mundo sin nada, y nada podremos llevarnos al morir.

—1 TIMOTEO 6:7

Un poco con el temor del Señor, es mejor que muchas riquezas con angustia.

—PROVERBIOS 15:16

Un hombre pobre que camina con honor, es mejor que un hombre rico que anda en camino de pecadores.

—PROVERBIOS 28:6

Feliz es el hombre que toma cuidado del pobre. El Señor lo salvará en tiempo de problemas.

—SALMO 41:1

Su belleza debe venir desde dentro de sus corazones. Esta clase de belleza es la que dura. Que la belleza suya sea un espíritu gentil y quieto. A la vista de Dios, es de gran valor, y ninguna cantidad de dinero puede comprarlo.

—1 PEDRO 3:4

ENEMIGOS

El Señor les ayuda y los saca de sus problemas. Él los separa de los pecadores, y los salva, porque ellos van a Él para refugio.

—SALMO 37:40

El Señor ha jurado por Su mano derecha y por Su brazo fuerte: "Yo no volveré a darle tu grano para comida a aquellos que te odian".

—ISAÍAS 62:8

El Señor te hará vencer las batallas en contra de aquellos que pelean contra ti. Vendrán en contra de ti por un camino, y se irán corriendo por siete.

—DEUTERONOMIO 28:7

Porque el Señor tu Dios es Quien va contigo. Él peleará por ti en contra de los que te odian. Y Él te salvará.

—DEUTERONOMIO 20:4

Oh Señor, Tu mano derecha es de gran poder. Oh Señor, Tu mano derecha destruye a aquellos que te odian.

—ÉXODO 15:6

Con la ayuda de Dios estaremos bien. Y Él quebrará bajo Sus pies a aquellos que pelean en nuestra contra.

—SALMO 60:12

Ningún arma creada contra ti podrá hacerte daño. Y tú demostrarás como cada lengua que dice que eres culpable está equivocada. Este es el regalo dado a los servidores del Señor. Yo quitaré sus culpas y les haré rectos, dice el Señor.

—ISAÍAS 54:17

El Señor está conmigo. Él es mi ayudador. Yo veré la
derrota de aquellos que pelean contra Mí.

—Salmo 118:7

Él prometió que nos salvaría de quienes nos odian y que
podríamos adorarlo sin tener miedo.

—Lucas 1:74

Porque el pecador no gobernará sobre la tierra de
aquellos quienes son rectos ante Dios. Entonces
aquellos quienes son rectos y buenos no usen sus manos
para hacer el mal.

—Salmo 125:3

En el día de la angustia Él me guardará en Su lugar
santo. En el lugar secreto de Su tienda santa, Él me
esconderá. Me pondrá alto en la roca. Y mi cabeza será
levantada por encima de todos aquellos que me odian.
Yo traeré ofrendas a Su lugar santo con canciones de
gozo. Yo cantaré. Sí, yo cantaré alabanzas al Señor.

—Salmo 27:5–6

Cuando los caminos del hombre agradan al Señor, Él
hace que aun aquellos que me odian, estén en paz
conmigo.

—Proverbios 16:7

Su corazón no será estremecido. Él no tendrá miedo y
verá la derrota de aquellos que pelean contra él.

—Salmo 112:8

¿No ayudará Dios a los de Su pueblo que Le piden de día y de noche? ¿Tardará mucho en ayudarles?

—LUCAS 18:7

Si alguno trae problemas en contra de ti, no será de parte Mía. Quienquiera que venga en contra de ti, caerá ante ti.

—ISAÍAS 54:15

Aquellos que aman al Señor, odien lo malo. Porque Él guarda a salvo las almas de Sus fieles. Él los quita de la mano del pecador.

—SALMO 97:10

Yo te salvaré en ese día, dice el Señor. No serás entregado al hombre que temes. Porque Yo Me aseguraré de librarte y no serás matado a espada. Tú vivirás porque en Mí has confiado, dice el Señor.

—JEREMÍAS 39:17–18

Teme al Señor tu Dios y Él te salvará de aquellos que te odian.

—2 REYES 17:39

No temas cuando el temor viene todo junto al mismo tiempo. Y no temas cuando viene la tormenta que crea el pecador. Porque en el Señor está tu confianza. Él hará que tu pie no sea atrapado.

—PROVERBIOS 3:25–26

Él respondió: No temas. Porque aquellos que están con nosotros son más, que los que están con ellos.

—2 REYES 6:16

———✦———

Mira, todos aquellos que están enojados contigo serán avergonzados y atribulados. Aquellos que pelean contra ti serán destruidos y se perderán. Buscarás a los que contienden contigo y no los hallarás. Aquellos que declaran guerra contra ti serán destruidos, completamente destruidos.

—ISAÍAS 41:11–12

———✦———

"... salvos de aquellos que nos odian y de todos los que están contra nosotros".

—LUCAS 1:71

———✦———

Yo estoy contigo y nadie te podrá hacer mal. Porque tengo a mucha gente en esta ciudad.

—HECHOS 18:10

———✦———

De tal manera que podemos decir: "El Señor me ayuda y no temeré nada que los hombres puedan hacerme".

—HEBREOS 13:6

———✦———

ENFERMEDAD

Sirve al Señor tu Dios y Él te dará el pan y el agua. Y quitará la enfermedad de entre ustedes.

—ÉXODO 23:25

———✦———

"Pero esto servirá para mostrarles que el Hijo del Hombre tiene poder en la tierra para perdonar pecados". Entonces Le dijo al hombre enfermo: "Levántate, toma tu cama y vete a tu casa". Él se levantó y se fue a su casa.

MATEO 9:6–7

❦

¿Hay alguien que está enfermo? Debe llamar a los dirigentes de la iglesia para que oren por él, y que le echen aceite, en el nombre del Señor. La oración que se hace confiando en que Dios la oirá sanará al enfermo. El Señor lo levantará, y si tiene pecados le serán perdonados. Confiesen sus pecados unos a otros y pidan a Dios unos por otros, para que sean sanados. Pues la oración del hombre que está bien con Dios tiene mucho poder.

—SANTIAGO 5:14–16

❦

Jesús entró en la casa, y los dos hombres ciegos también entraron con él. Entonces Jesús les preguntó: "¿Creen ustedes que Yo puedo hacer esto?" Ellos Le contestaron: "¡Sí, Señor!" Entonces Jesús puso sus manos sobre los ojos de ellos y les dijo: "Ustedes recibirán lo que piden, porque tienen fe". Al instante, sus ojos fueron abiertos. Jesús les pidió que no lo dijeran a nadie.

—MATEO 9:28–30

❦

Sáname Señor, y seré sanado. Sálvame y seré salvo. Porque Tú eres mi alabanza.

—JEREMÍAS 17:14

❦

Jesús recorrió todo el país de Galilea enseñando en los templos locales y predicando las buenas nuevas del reino de Dios. Sanó toda clase de enfermedades y dolencias del pueblo. Su fama se extendió por todo el país de Siria, y Le trajeron enfermos con muchas clases de males y dolencias. Algunos tenían espíritus malos, otros estaban locos, y todavía otros no podían usar ni las manos ni las piernas. Y Jesús los sanó a todos.

—MATEO 4:23–24

⸺⸺

Te sanaré. Te sanaré donde hayas sido herida, dice el Señor, porque han dicho que no eres deseada. Ellos han dicho: ¡Es Sion, nadie toma cuidado de ella!

—JEREMÍAS 30:17

⸺⸺

Él cargó nuestros pecados en Su propio cuerpo cuando murió en la cruz, para que haciendo esto podamos morir al pecado y vivir ante todos lo que es recto y bueno. Ustedes han sido sanados por las heridas de Cristo.

—I PEDRO 2:24

⸺⸺

Pero Él fue herido por nuestras ofensas. Él fue torturado por nuestros pecados. Él fue castigado para que nosotros pudiéramos tener paz. Él fue lastimado para que nosotros seamos sanados.

—ISAÍAS 53:5

⸺⸺

ENOJO

El Señor está lleno de amor y compasión, es lento en enojarse y misericordioso.

—SALMO 145.8

Tú eres un Dios perdonador. Tú eres bueno y amoroso, lento para la ira, y lleno de misericordia.

—NEHEMÍAS 9:17

Porque Su ira sólo es por un corto tiempo. Mas Sus favores son eternos. El lloro es por la noche, mas el gozo viene con el nuevo día.

—SALMO 30:5

Hermanos queridos, ustedes saben que todos debemos escuchar mucho, hablar poco y ser lentos para enojarnos. Pues un hombre enojado no puede estar bien con Dios.

—SANTIAGO 1:19–20

No te apures en tu espíritu a enojarte. Porque el enojo está en el corazón de los necios.

—ECLESIASTÉS 7:9

Aquel que tiene un temperamento rápido actúa neciamente. Y el hombre que planea pecaminosamente es odiado.

—PROVERBIOS 14:17

Aquel que es lento en enojarse, es mejor que el poderoso. Y aquel quien gobierna su espíritu es mejor que aquel que toma una ciudad.

—Proverbios 16:32

El hombre de mal temperamento comienza pleitos, mas aquel que es lento en enojarse aquieta la pelea.

—Proverbios 15:18

El hombre enojado comienza la pelea, y el hombre de mal temperamento está lleno de ofensas.

—Proverbios 29:22

Termina de estar enojado. Apártate de las peleas. No te pongas en pleitos. Esto sólo te lleva a hacer cosas malas.

—Salmo 37:8

No tengas nada que ver con un hombre dado a la agresión o con quien tiene mal temperamento. Nos vaya a ser que tú aprendas sus caminos y te pongas tú mismo en una trampa.

—Proverbios 22:24–25

Una respuesta suave quita el enojo, mas las palabras fuertes lo causan.

—Proverbios 15:1

Padres, no sean duros con sus hijos para que no se desanimen ni dejen de hacer lo que es bueno.

—Colosenses 3:21

Si se enojan, no dejen que su enojo les haga pecar.
Hagan terminar su enojo antes que termine el día.

—EFESIOS 4:26

⸺⸺

El entendimiento hace al hombre lento para la ira. Es su
honor perdonar y olvidar lo que han hecho contra él.

—PROVERBIOS 19:11

⸺⸺

Es mejor vivir en tierra desolada que vivir con una
mujer que se queja y causa problemas.

—PROVERBIOS 21:19

⸺⸺

Alejen de su corazón todo mal sentimiento contra otras
personas, enojo, pasiones. No griten. No digan nada
malo que haga daño a otros. Sean amables con todos.
Piensen en las demás personas. Perdonen a todos, como
Dios nos perdonó por medio de la muerte de Cristo.

—EFESIOS 4:31–32

⸺⸺

Hermanos cristianos, no tomen venganza nunca de
alguien por el mal que les ha hecho. Dejen que la ira de
Dios caiga sobre esa persona, porque la escritura dice:
"Mía es la venganza; Yo pagaré, dice el Señor". "Si el
que les odia tiene hambre, denle de comer. Si tiene sed,
denle agua. Si lo hacen así, harán que él tenga más
vergüenza de sí mismo". No permitan que el pecado
tenga poder sobre ustedes. ¡Que el bien tenga poder
sobre el pecado!

—ROMANOS 12:19–21

⸺⸺

Pero Yo les digo que cualquiera que se enoja con su hermano será culpable y también tendrá que sufrir por su maldad.

—Mateo 5:22

Si el que te odia tiene hambre, dale de comer. Si tiene sed, dale agua. Si haces esto, harás que se sienta más avergonzado de sí mismo, y el Señor te pagará.

—Proverbios 25:21–22

Ahora, dejen también estas cosas: ira, enojo, malos sentimientos hacia otros, palabras ofensivas contra los demás, dichos torpes e insultos contra Dios.

—Colosenses 3:8

Esperanza

¿Por qué estás triste alma mía? ¿Por qué te has angustiado dentro de mí? Confía en Dios, porque aun así alabaré a Él, mi ayudador y mi Dios.

—Salmo 42:11

Porque Yo sé los pensamientos que tengo para ti, son pensamientos de paz y para bien, para darte aquello que estás esperando. Me buscarás y Me encontrarás, cuando Me busques con todo tu corazón. Me encontrarás dice el Señor

—Jeremías 29:11–14

Por medio de Cristo ustedes han puesto su fe en Dios. El Cristo levantado de la muerte Le dio gran honra al Dios Padre, para que así ahora la fe y la esperanza de ustedes estén en él.

1 PEDRO 1:21

Preparen sus mentes para un buen uso. Estén despiertos. Pongan su esperanza ahora y siempre en el favor de Dios, que les será dado cuando Cristo venga al mundo otra vez

—1 PEDRO 1:13

El malvado cae por sus propias ofensas, mas el hombre que es justo ante Dios tiene un lugar seguro para su muerte.

—PROVERBIOS 14:32

Damos gracias a Dios por la esperanza que está guardada en el cielo para ustedes. Tienen conocimiento de esta esperanza por las buenas nuevas, que son la palabra de verdad.

—COLOSENSES 1:5

Cristo en ustedes es la esperanza de las grandes cosas que han de venir.

—COLOSENSES 1:27

Tengan ánimo, todos ustedes los que esperan en el Señor.

—SALMO 31:24

Porque Tú eres mi esperanza, oh Señor Dios. Tú eres mi confianza desde mi juventud.

—Salmo 71:5

Demos gracias a Dios y Padre de nuestro Señor Jesucristo. Fue por medio de Su amor que nacimos otra vez a una vida nueva y que tenemos una esperanza que nunca muere. Esta esperanza es nuestra porque Jesús fue levantado de la muerte.

—1 Pedro 1:3

Espíritu Santo

Escucha Mis fuertes palabras. Mira, Yo voy a derramar Mi espíritu sobre ti. Yo haré que conozcas Mis palabras.

—Proverbios 1:23

Entonces Yo Le pediré a Mi Padre, y Él les dará alguien que les ayude. Él estará con ustedes para siempre. Él es el Espíritu de verdad. El mundo no lo puede recibir, porque no lo ve ni lo conoce. Pero ustedes lo conocen, porque vive con ustedes y estará en ustedes.

—Juan 14:16–17

"Las sagradas escrituras dicen que ríos de agua viva correrán del corazón de aquel que cree en Él". Esto dijo del Espíritu Santo que habían de recibir los que creen en Él, pues aún no había sido dado, porque Jesús todavía no había sido glorificado.

—Juan 7:38–39

El Espíritu Santo viene, y Él los guiará a toda verdad. Él no hablará sus propias palabras, sino lo que oye. Él les dirá de las cosas que vendrán.

—JUAN 16:13

En cuanto a Mí, este es Mi pacto con ellos, dice el Señor. Mi Espíritu el cual está sobre ti, y Mis palabras que Yo he puesto en tu boca, no desaparecerán, mas estarán en tu boca, y en la boca de tus hijos, y en la boca de los hijos de tus hijos, dice el Señor, desde ahora y para siempre.

—ISAÍAS 59:21

❧

Ustedes son pecadores, pero saben darles buenas cosas a sus hijos. ¿Cuánto más su Padre que está en los cielos les dará el Espíritu Santo a los que se lo pidan?

—LUCAS 11:13

Pero el que bebe del agua que Yo le doy jamás tendrá sed. El agua que Yo le doy vendrá a ser en él como una fuente de vida que durará para siempre.

—JUAN 4:14

❧

Y pondré Mi Espíritu dentro de ti y hará que sigas Mis Leyes y cuidadoso en hacer lo que Yo te mando.

—EZEQUIEL 36:27

❧

Por medio del precio que pagó Cristo Jesús, las cosas buenas que le vinieron a Abraham serán dadas a los que no son judíos. Y poniendo nuestra confianza en Cristo, recibiremos al Espíritu Santo que Él nos ha prometido.

—GÁLATAS 3:14

❧

Cristo les ha dado el Espíritu Santo, y Él vive en ustedes. Por eso, no necesitan que alguien les enseñe, porque el Espíritu Santo puede enseñarles todas las cosas. Y lo que Él les enseña es la verdad y no mentiras. Vivan, pues, con la ayuda de Cristo, como el Espíritu Santo les ha enseñado.

—1 Juan 2:27

Porque el reino de Dios no es comida ni bebida, sino bondad, paz y gozo por el Espíritu Santo.

—Romanos 14:17

En la misma manera, el Espíritu Santo nos ayuda cuando somos débiles. No sabemos cómo orar ni qué pedir; pero el Espíritu Santo Le ruega a Dios por nosotros, con sonidos que no pueden expresarse con palabras. Dios conoce los corazones de los hombres y sabe lo que está pensando el Espíritu Santo porque, conforme a la voluntad de Dios, ruega por los que son de Cristo.

—Romanos 8:26–27

Nosotros no hemos recibido el espíritu del mundo. Dios nos ha dado Su Espíritu Santo para que conozcamos las cosas que Él nos ha dado.

—1 Corintios 2:12

No deben portarse como personas esclavas de alguien, que siempre tienen miedo. En lugar de ello, el Espíritu Santo nos hace Sus hijos. Podemos llamarle a Él "Padre".

—Romanos 8:15

ÉXITO

Grandes riquezas hay en la casa de aquellos quienes son rectos ante Dios, pero el pecador sólo recibirá problemas.

—PROVERBIOS 15:6

El pago por no ser orgulloso y tener el temor del Señor es riqueza, honor y vida.

—PROVERBIOS 22:4

Entonces Él te dará la lluvia para las semillas que has plantado en la tierra. Y Él te dará pan de esas semillas de la tierra. Será bueno, y mucho más de lo que necesitas. En aquel día, tu ganado se alimentará en grandes campos.

—ISAÍAS 30:23

Y yo sé que es un regalo de Dios, que el hombre coma y beba y disfrute de su trabajo.

—ECLESIASTÉS 3:13

Y el Señor tu Dios traerá gran bien a todo el trabajo que tú haces, y sobre tus hijos, y sobre la cría del ganado, y al fruto de tu tierra. Porque el Señor se alegrará otra vez en traerte bien a ti, de la misma manera que Él fue feliz con tus padres.

—DEUTERONOMIO 30:9

El Señor te dará mucho. Él te dará muchos hijos y mucha cría en tu ganado, y mucho fruto de la tierra, la tierra que el Señor prometió a tus padres que te la daría a ti. El Señor abrirá para ti Su buen granero, los cielos. Él te dará la lluvia para tu tierra en el tiempo exacto. Él traerá bien a todo el trabajo que haces. Tú darás a muchas naciones. Mas tú no usarás nada que le pertenezca a ellos. El Señor te pondrá por cabeza y no cola. Si tú prestas atención a las Leyes del Señor tu Dios las cuales Yo te digo hoy, y que seas cuidadoso en obedecerlas, tú estarás por encima y no por debajo.

—Deuteronomio 28:11–13

Y a cada hombre a quien Dios le ha dado riqueza y muchas cosas buenas, Él también le ha dado el poder de comer de ellas, de recibir su paga, y de ser feliz con su trabajo. Esto, es regalo de Dios.

—Eclesiastés 5:19

Él nos da todas las cosas que necesitamos para la vida y para que la vivamos correctamente. Nos las da por medio de Su gran poder. Del mismo modo que llegamos a conocerlo mejor, sabemos que nos ha llamado a compartir Su propia grandeza y Su vida perfecta.

—2 Pedro 1:3

Crezcan en el favor de Dios que Cristo da. Aprendan a conocer mejor a nuestro Señor Jesucristo. Él es Aquel quien salva del castigo del pecado. Tengan toda Su grandeza ahora y para siempre. Así sea.

—2 Pedro 3: 18

Riquezas y bienestar hay en Su casa. Y Su rectitud durará para siempre.

—Salmo 112:3

Él dará pastos en tus campos para tu ganado. Y tú comerás y te saciarás.

—Deuteronomio 11:15

Porque tú comerás del fruto de tus manos. Serás feliz y el bien estará contigo.

—Salmo 128:2

Ellos construirán casas y vivirán en ellas. Ellos plantarán uvas y comerán su fruto. Ellos no construirán casas y otros vivirán en ellas. Ellos no plantarán y otros comerán. Porque Mi pueblo vivirá largo tiempo, como los días de un árbol. Y por largo tiempo Mis escogidos se gozarán del trabajo de sus manos. No trabajarán en vano o darán a luz hijos y tendrán problemas. Porque serán los hijos de aquellos que reciben bendiciones del Señor juntamente con sus hijos.

—Isaías 65:21–23

Todas estas cosas vendrán sobre ti, si tú obedeces al Señor tu Dios. Bendiciones vendrán sobre ti en la ciudad, y en el país. Bendiciones vendrán sobre tus hijos y el fruto de la tierra, y la cría de tus animales. Tu ganado y corrales tendrán mucha cría. Bendiciones vendrán sobre tus canastos y tus fuentes de pan. Bendiciones vendrán sobre ti en tu camino cuando entres y salgas.

—Deuteronomio 28:2–6

Riquezas y honor están conmigo, riquezas eternas y rectitud. Mi fruto es mejor que el oro, aun mejor que el oro puro. Lo que Yo doy, es mejor que plata fina.

—PROVERBIOS 8:18–19

❦

FE

La fe es el estar seguros de que recibiremos lo que esperamos aunque no podamos verlo ahora.

—HEBREOS 11:1

❦

Un hombre no puede agradar a Dios a menos que tenga fe. El que se acerca a Dios debe creer que Dios existe, y debe creer también que Dios da lo prometido a los que lo siguen buscando.

—HEBREOS 11:6

❦

Pero, si le falta a alguien buen entendimiento, pídaselo a Dios, que Él se lo dará. Está siempre listo a darlo, y nunca dice que no deben pedir. Pero deben tener confianza cuando Le pidan. No deben dudar. El que duda es como una ola que es llevada por el viento por todas partes en el mar.

—SANTIAGO 1:5–6

❦

Pero el fruto que viene cuando tenemos el Espíritu Santo en nuestras vidas es: amor, gozo, paz, paciencia, bondad, honradez, fe, humildad y control de nuestros deseos. La ley no está en contra de esas cosas.

—GÁLATAS 5:22–23

❦

Del mismo modo que creyeron en el Señor Jesucristo, déjenle ahora que les guíe en todos sus pasos. Echen sus raíces profundas en Cristo, crezcan en Él y obtengan del Señor sus fuerzas. Permitan que Él los haga firmes en la fe, como han aprendido. Que sus vidas estén llenas de agradecimiento hacia Él.

—COLOSENSES 2:6–7

Por el favor de Dios, ustedes han sido salvados del castigo del pecado, por medio de su fe. Y no es algo que ustedes hayan hecho. Es un regalo de Dios.

—EFESIOS 2:8

Pero el fruto que viene cuando tenemos el Espíritu Santo en nuestras vidas es: amor, gozo, paz, paciencia, bondad, honradez, fe, humildad y control de nuestros deseos. La ley no está en contra de esas cosas.

—GÁLATAS 5:22–23

He sido puesto en la cruz para morir con Cristo. Ya no vivo yo, sino Cristo vive en mí. La vida que yo vivo en el cuerpo, la vivo poniendo mi confianza en el Hijo de Dios. Él fue el que me amó y se entregó por mí.

—GÁLATAS 2:20

Jesús les dijo: "Tengan fe en Dios. En verdad les digo que una persona puede decir a este monte: 'Muévete de aquí y échate al mar', y si no duda, sino que cree que lo que dice se hará, así será".

—MARCOS 11:22–23

Pido que Dios pueda vivir en sus corazones por la fe. Y oro para que ustedes sean llenos de Su amor. Pido que puedan entender lo ancho, lo largo, lo alto y lo profundo que es Su amor.

—Efesios 3:17–19

Todas esas numerosas personas que tenían fe en Dios están ahora reunidas, mirándonos. Eliminemos de nuestras vidas todo lo que nos impide hacer lo que debemos. Sigamos corriendo la carrera que Dios ha planeado para nosotros. Sigamos mirando a Jesús. Nuestra fe viene de Él. Es Él quien la hace perfecta, pues no se dio por vencido cuando tuvo que sufrir vergüenzas y morir en una cruz. Conocía el gozo que tendría después y, ahora, está sentado a la derecha de Dios.

—Hebreos 12:1–2

Jesús le dijo: "¿Por qué Me pides eso? Para el que tiene fe todo es posible".

—Marcos 9:23

Jesús le dijo: "Tomás, porque Me viste has creído. ¡Felices los que no Me han visto y sin embargo, creen!"

—Juan 20:29

Fidelidad de Dios

Él siempre ha recordado Su pacto, la promesa que Él ha hecho que durará para todas las generaciones futuras.

—Salmo 105:8

Entiende que el Señor tu Dios es Dios, el Dios fiel. Él guarda sus promesas y muestra Su compasión amorosa a aquellos que Le aman y guardan Sus Leyes, aun a miles de grupos de familias en el futuro.

—DEUTERONOMIO 7.9

⸻

Porque el Señor tu Dios es un Dios misericordioso. Él no te abandonará, ni destruirá, ni olvidará el pacto que prometió a tus padres.

—DEUTERONOMIO 4:31

⸻

Él siempre ha recordado Su pacto, la promesa que Él ha hecho que durará para todas las generaciones futuras.

—SALMO 105:8

⸻

Dios no es hombre, que pueda mentir. Él no es hijo del hombre, que pueda preocuparse por lo que ha dicho. ¿No hará entonces lo que ha dicho? Él ha hablado, ¿no guardará entonces Su Palabra?

—NÚMEROS 23:19

⸻

Mantengamos firme la esperanza que decimos tener. No la cambiemos, pues podemos confiar en que Dios hará lo que prometió.

—HEBREOS 10:23

⸻

Si no somos fieles, Él seguirá siendo fiel, porque no puede ir en contra de lo que es.

—2 TIMOTEO 2:13

⸻

El Señor no tarda en cumplir Sus promesas como alguna gente lo cree. Él les está esperando. El Señor no quiere que ninguna persona sea castigada para siempre. Él quiere que la gente cambie su actitud acerca de sus pecados y los abandone.

—2 PEDRO 3:9

No quebraré Mi pacto, ni cambiaré lo que Mis labios han dicho.

—SALMO 89:34

Gracias sean dadas al Señor. Él ha dado descanso a Su pueblo Israel. Él ha hecho todo lo que prometió. Cada palabra de Su buena promesa se ha cumplido completamente, lo cual Él prometió a través de Su siervo Moisés.

—1 REYES 8:56

Yo he hablado, y Yo haré que se cumpla. Yo he planeado y Yo lo llevaré a cabo.

—ISAÍAS 46:11

Oh Señor, Tú eres mi Dios. Yo te alabaré. Yo daré gracias a Tu nombre. Porque Tú has sido fiel al hacer grandes cosas; planes que Tú habías hecho mucho tiempo atrás.

—ISAÍAS 25:1

Aquellos quienes conocen Tu nombre pondrán su confianza en Ti. Porque Tu oh Dios, nunca haz abandonado a aquellos que te buscan.

—SALMO 9:10

Para siempre, Oh Señor, Tu Palabra nunca cambiará en los cielos. Tú eres fiel a toda la gente, todo el tiempo. Tú has hecho la tierra y sus firmamentos.

—SALMO 119:89–90

⚬⚬⚬

Y el Gran Resplandeciente de Israel no mentirá o cambiará Su modo de pensar. Porque Él no es hombre que deba cambiar como piensa.

—1 SAMUEL 15:29

⚬⚬⚬

Jesús dice "sí" a todas las muchas promesas de Dios. Es por Jesús que decimos "así sea", cuando damos gracias a Dios.

—2 CORINTIOS 1:20

⚬⚬⚬

"La montañas podrán ser tomadas y los montes podrán temblar, mas Mi misericordia no será quitada de ti. Y Mi acuerdo de paz no será removido", dice el Señor quien tiene compasión de ti.

—ISAÍAS 54:10

⚬⚬⚬

FRUCTÍFERO

Y ellos vendrán y gritarán de gozo desde las alturas de Sion. Ellos brillarán con gozo debido a las bondades del Señor, por lo granos, el vino nuevo, el aceite y debido a la cría en los establos y con el ganado. Sus vidas serán como un jardín bien regado. Y nunca tendrán tristezas otra vez.

—JEREMÍAS 31:12

⚬⚬⚬

Yo soy la verdadera planta de uva. Mi padre es quien cuida de la planta de uva. Él quita cualquiera de las ramas que no da fruto, y cualquier rama que da fruto la poda; pues así dará más fruto. Ustedes han sido limpiados por las palabras que Les he hablado. Obtengan vida de Mí, y Yo viviré en ustedes. Ninguna rama puede dar fruto por sí sola. Tiene que obtener vida de la planta de uvas. Y ustedes podrán solamente dar fruto cuando obtengan vida de mí. Yo soy la planta de uva, y ustedes son las ramas. Obtengan vida de Mí; entonces Yo viviré en ustedes, y ustedes darán mucho fruto. Porque sin Mí, nada podrán hacer.

—JUAN 15:1−5

⁂

Este hombre es como un árbol plantado junto a las aguas de un río, el cual da su fruto al tiempo exacto y sus hojas nunca se secan. Cualquier cosa que él haga prosperará.

—SALMO 1:3

⁂

Y ellos vendrán y gritarán de gozo desde las alturas de Sion. Ellos brillarán con gozo debido a las bondades del Señor, por lo granos, el vino nuevo, el aceite y debido a la cría en los establos y con el ganado. Sus vidas serán como un jardín bien regado. Y nunca tendrán tristezas otra vez.

—JEREMÍAS 31:12

⁂

Aun darán fruto cuando viejos. Estarán llenos de vida y fuerza.

—SALMO 92:14

⁂

Yo seré para Israel como el rocío de la mañana. Y crecerá como un lirio, y tendrá raíces fuertes como los cedros del Líbano.

—OSEAS 14:5

Si todas estas cosas están en ustedes y siguen creciendo, sus vidas no serán inútiles. Su conocimiento del Señor Jesucristo no quedará sin fruto.

—2 PEDRO 1:8

GOZO

Irás con gozo, y te acostarás en paz. Las montañas y los montes tronarán con sonidos de gozo ante ti. Y las manos de todos los árboles del campo aplaudirán.

—ISAÍAS 55:12

Les he dicho estas cosas para que así Mi gozo esté en ustedes y para que su gozo sea completo.

—JUAN 15:11

El gozo de ser salvo está siendo escuchado en las tiendas de aquellos que son rectos y buenos. La mano derecha del Señor hace cosas poderosas.

—SALMO 118:15

Tú has llenado mi corazón con más alegría que cuando hay mucho grano y vino.

—SALMO 4:7

Aquellos que siembran con lágrimas recogerán su fruto con canciones de gozo. Aquel que va llorando mientras lleva su bolsa de semillas volverá cantando de gozo al traer muchos granos consigo.

—Salmo 126:5–6

Ŗ

La luz es desparramada como semilla para aquellos que son justos y rectos, y gozo para los puros de corazón. Sé feliz en el Señor, tú que eres recto y bueno. Da gracias a Su Santo nombre.

—Salmo 97:11–12

Ŗ

Tú me mostrarás el camino de la vida. Estar contigo es estar lleno de gozo.

—Salmo 16:11

Ŗ

Nuestro corazón está lleno de gozo en Él, porque nosotros confiamos en Su Santo nombre.

—Salmo 33:21

Ŗ

Todavía tendré gozo en el Señor. Yo estaré gozoso en Dios Quien me salva.

—Habacuc 3:18

Ŗ

Entonces aquellos, por los que el Señor pagó el precio para que sean salvos, volverán. Ellos vendrán con canciones de gozo a Sion. Gozo que perdurará para siempre habrá sobre sus cabezas. Ellos recibirán gozo y felicidad; y la angustia y las voces tristes desaparecerán.

—Isaías 51:11

Ŗ

¡Qué felices son las personas que conocen el sonido del gozo! Ellas caminan en la luz de Tú rostro, Oh Señor. Ellas están llenas de gozo en Tú nombre todo el día. Y por ser rectos delante de Ti, son exaltados.

—SALMO 89:15–16

Ustedes nunca Le han visto, pero Le aman. No Le pueden ver ahora pero están poniendo su fe en Él. Y tienen un gozo tan grande que con palabras no pueden expresarlo.

—1 PEDRO 1:8

No estés triste porque el gozo del Señor es tu fuerza.

—NEHEMÍAS 8:10

Yo tendré mucho gozo en el Señor. Mi alma tendrá gozo en mi Dios, porque Él me ha vestido con las ropas de Su poder salvador. Él ha puesto alrededor mío un abrigo de justicia, como el hombre que en su propia boda se pone algo especial sobre su cabeza y como la novia que se adorna con piedras de gran valor.

—ISAÍAS 61:10

Tú harás que el viento sople sobre ellos, y los disperse. La tormenta los llevará por todo lugar. Mas tú tendrás gozo en el Señor. Tú serás feliz en el Único y Santo de Israel.

—ISAÍAS 41:16

El hombre que es justo y bueno estará gozoso en el Señor e irá hacia Él para estar seguro. Todos aquellos cuyos corazones son rectos, Le glorificarán.

—SALMO 64:10

Mi alma estará satisfecha como de una gran cena. Y mi boca te alaba a Ti con labios de gozo.

—SALMO 63:5

⁂

Mas deja que aquellos que son rectos y buenos sean felices. Déjalos que sean felices delante de Dios. Sí, déjalos que sean llenos de gozo.

—SALMO 68:3

⁂

Ustedes están tristes ahora. Pero Yo los veré otra vez, y entonces sus corazones se llenarán de gozo. Nadie puede quitarles ese gozo

—JUAN 16:22

⁂

CRECER EN LA GRACIA

Cuando dan mucho fruto, Mi Padre recibe honor. Y esto muestra que son Mis seguidores.

—JUAN 15:8

⁂

Y en mis oraciones, pido a Dios que el amor de ustedes crezca más y más y que vayan teniendo más entendimiento y sabiduría en todas las cosas.

—FILIPENSES 1:9

⁂

Debemos darle siempre gracias a Dios por ustedes, hermanos cristianos. Eso es correcto, por lo mucho que está creciendo su fe. Su amor, unos por otros, es cada vez mayor.

—2 TESALONICENSES 1:3

⁂

Hermanos cristianos, les pedimos, en el Señor Jesús, que sigan llevando una vida que agrade a Dios. Ya les dije cómo crecer en la vida cristiana.

—1 Tesalonicenses 4:1

También pido en mis oraciones que den fruto abundante llevando vidas rectas. Vidas rectas sólo pueden ser producidas por el conocimiento de Jesucristo y para honra y agradecimiento a Dios.

—Filipenses 1:11

Esfuércense para añadir a su fe la buena conducta y el buen entendimiento.

—2 Pedro 1:5

Mas el que es recto con Dios se mantendrá recto. Y el que tiene manos limpias se hará fuerte y aun más fuerte.

—Job 17:9

Todos nosotros, sin el velo sobre nuestra cara, mostramos la gloria de Dios como en un espejo. Todo el tiempo somos transformados a fin de parecernos a Él con más y más de Su gloria. Este cambio proviene del Señor, quien es el Espíritu.

—2 Corintios 3:18

El Señor terminará la obra que Él ha comenzado en mí. Oh Señor, Tu misericordia es para toda la vida. No abandones el trabajo de Tus manos.

—Salmo 138:8

Las buenas nuevas les llegaron en la misma forma en que ahora se extienden por todo el mundo. Las personas están siendo cambiadas, como ustedes fueron cambiados el día que oyeron las buenas nuevas y conocieron la verdad sobre el favor de Dios.

—COLOSENSES 1:6

Mis ojos siempre están puestos en el premio del llamamiento que Dios me hace desde el cielo, por medio de Cristo Jesús. Todos los que ya hemos crecido en Cristo debemos pensar igual; si ustedes no piensan así todavía, Dios les enseñará cómo hacerlo. Por lo tanto, sigamos obedeciendo siempre la misma verdad que hemos conocido.

—FILIPENSES 3:14–16

Mas el camino de aquellos quienes son rectos es como el amanecer. Brilla cada vez más hasta que el día es perfecto.

—PROVERBIOS 4:18

GUÍA

En cualquier momento en que te desvíes a la derecha o la izquierda, escucharás como una voz detrás de tus oídos, diciendo: "Este es el camino, camina por él".

—ISAÍAS 30:21

Este es Dios, nuestro Dios por siempre y para siempre. Él nos mostrará el camino hasta el final.

—SALMO 48:14

La mente del hombre planea su camino, pero el Señor le muestra qué hacer.

—PROVERBIOS 16:9

Los pasos del hombre bueno son guiados por el Señor. Y Él se alegra de su camino.

—SALMO 37:23

Porque Dios le dice qué hacer y le enseña su camino.

—ISAÍAS 28:26

Aquellos que son justos ante Dios, quienes están sin reproche, construyen un camino recto para sí mismos, mas el perverso caerá por sus propios errores.

—PROVERBIOS 11:5

Ponte de acuerdo con Él en todo lo que hagas y Él hará que tu camino sea recto.

—PROVERBIOS 3:6

Te mostraré y enseñaré el camino por donde debes ir. Tendré Mis ojos puestos en ti, y te diré qué debes hacer.

—SALMO 32:8

Guiaré al ciego por caminos que ellos no conocen. Los llevaré por senderos desconocidos. Convertiré la oscuridad en luz delante de ellos. Y allanaré los lugares escabrosos. Éstas son cosas que Yo haré por ellos y no los dejaré.

—ISAÍAS 42:16

Todavía, yo estoy siempre junto a Ti. Tú me tomas de mi mano derecha. Tú me guiarás diciéndome qué debo hacer. Y aun después de esto, me tendrás en Tu resplandeciente gloria.

—SALMO 73:23–24

HONESTIDAD

No robes. Sé honesto en lo que haces. No se mientan los unos a los otros.

—LEVÍTICO 19:11

Oh casa de pecadores, ¿podré olvidar las riquezas que obtuviste deshonestamente? Tú mientes con tu balanza sobre el peso de las cosas, lo cual Yo odio. ¿Podré hacer inocente a quien miente y tiene pesas falsas en su bolsa? El hombre rico de la ciudad ha herido a mucha gente. Los que trabajan para él son mentirosos. Sus lenguas hablan falsedades.

—MIQUEAS 6:10–12

No mientas sobre el peso o el precio de cualquier cosa.

—LEVÍTICOS 19:35

Ningún hombre debe hacer ningún mal a su hermano cristiano, porque el Señor castigará al que lo haga. Ya se los dije antes. Porque Dios no nos ha llamado para que vivamos en pecado, sino para que llevemos una vida santa.

—1 TESALONICENSES 4:6–7

El Señor odia el peso falso, mas el peso verdadero es
Su gozo.

—PROVERBIOS 11:1

El Señor odia el peso falso, mas el peso verdadero es
Tú debes tener el peso exacto y justo. Tú debes tener una
manera justa de mostrar las medidas o cuán grande algo
es. Entonces vivirás larga vida en la tierra que el Señor
tu Dios te ha dado. Porque el Señor odia a todo aquel
que haces esas cosas, al que miente y al que no es justo.

—DEUTERONOMIO 25:15–16

El pecador pide algo y no lo devuelve. Mas aquellos que
son rectos ante Dios son amables y dadivosos.

—SALMO 37:21

Ningún hombre debe hacer ningún mal a su hermano
cristiano, porque el Señor castigará al que lo haga. Ya se
los dije antes. Porque Dios no nos ha llamado para que
vivamos en pecado, sino para que llevemos una vida
santa.

—1 TESALONICENSES 4:6–7

No se mientan unos a otros, puesto que se han
despojado del viejo hombre con sus hechos. Se han
convertido en nuevas personas. Aprendan cada vez más
sobre Cristo. Que se parezcan más a Cristo. Él los hizo.

—COLOSENSES 3:9–10

No retengas el bien de aquellos que lo necesitan cuando
está en tu poder hacerlo.

—PROVERBIOS 3:27

Si le vendes algo a tu vecino o si le compras cualquier cosa, no hagan lo incorrecto el uno con el otro.

—LEVÍTICO 25:14

No se engañen los unos a los otros, mas bien tengan temor de su Dios. Yo soy el Señor tu Dios.

—LEVÍTICO 25:17

Aquel que camina con Dios, y cuyas palabras son buenas y honestas, y que no toma dinero de un negocio deshonesto, ni que acepta dinero en secreto por negocios deshonestos, y que para sus oídos de escuchar complicidad en matar, y que cierra sus ojos para no mirar lo pecaminoso; él tendrá un lugar en lo alto. Su lugar seguro será una roca que no puede ser movida. Se le dará alimento y tendrá agua de seguro.

—ISAÍAS 33:15–16

Un poco ganado correctamente, es mejor que mucho obtenido deshonestamente.

—PROVERBIOS 16:8

HOSPITALIDAD

Sean felices al tener gente que se queda con ustedes en sus casas y que come con ustedes. Dios les ha dado a cada uno de ustedes una capacidad. Úsenla para ayudar, unos a otros. Esto mostrará el favor de Dios.

—1 PEDRO 4:9–10

¿Qué pasa si un hermano cristiano no tiene ropa ni comida, y uno de ustedes le dice: "Adiós, que te vaya bien, tápate del frío y come bien"? Pero si no le dan lo que necesite, ¿en qué le han ayudado?

—SANTIAGO 2.15–16

❧

En verdad les digo, cualquiera que les dé un vaso de agua en Mi nombre, porque son de Cristo, no perderá su premio.

—MARCOS 9:41

❧

Les he mostrado de todos modos que trabajando mucho, en esa manera, podemos ayudar a los débiles. Y debemos recordar lo que dijo el Señor Jesús: "Es más agradable dar que recibir".

—HECHOS 20:35

❧

Entonces el Rey dirá: "En verdad les digo que por haber hecho esto a uno de Mis hermanos pequeñitos, Me lo han hecho a Mí".

—MATEO 25:40

❧

No se olviden de ser amables con los extranjeros. Permítanles quedarse en su casa, pues hay algunos que así han tenido a ángeles en sus casas, sin saberlo.

—HEBREOS 13:2

❧

Pues si una persona tiene bastante dinero para vivir y ve a su hermano necesitado de comida y ropa, y no le ayuda, ¿cómo puede el amor de Dios estar en él?

—I JUAN 3:17

❧

Esto no significa que otros no tienen que dar nada y que ustedes deben dar mucho. A ustedes les sobra para satisfacer sus necesidades. Cuando ustedes tengan necesidad, entonces ellos pueden ayudarles. Ustedes son los que deben darles a ellos ahora.

—2 Corintios 8:13–14

⸻

Compartan lo que tengan con hermanos cristianos que tengan necesidad, dando comida y un lugar de descanso a quienes lo necesiten.

—Romanos 12:13

⸻

Porque tuve hambre, y ustedes Me dieron de comer. Tuve sed, y Me dieron de beber. Fui forastero, y Me hospedaron. Estuve desnudo, y Me dieron ropa. Estuve enfermo, y Me atendieron. Estuve en la cárcel, y Me visitaron.

—Mateo 25:35–36

⸻

Humildad

Cualquiera que se hace humilde es el mayor en el reino de los cielos.

—Mateo 18:4

⸻

Oh Señor, Tú has escuchado las oraciones de aquellos que no son orgullosos. Tú les darás fuerzas y oirás sus oraciones.

—Salmo 10:17

⸻

La persona que crea ser importante se dará cuenta que vale muy poco, pero la persona que no trate de alabarse a sí misma llegará a ser importante.

—MATEO 23:12

Yo doy nuevas fuerzas al espíritu de aquellos sin orgullo, y también a aquellos cuyos corazones se entristecen por sus pecados.

—ISAÍAS 57:15

Es mejor ser pobre en espíritu entre los pobres, que dividir las riquezas que fueron tomadas con los orgullosos.

—PROVERBIOS 16:19

Dios se burla de los que se ríen de la verdad, pero es misericordioso de aquellos que no tienen orgullo.

—PROVERBIOS 3:34

Pero Él nos da más favor bondadoso, porque las sagradas escrituras dicen: "Dios está en contra del orgulloso, pero ayuda con Su bondad a los humildes".

—SANTIAGO 4:6

El pago por no ser orgulloso y tener el temor del Señor es riqueza, honor y vida.

—PROVERBIOS 22:4

El temor al Señor es la enseñanza de la sabiduría, y la humildad viene antes que el honor.

—PROVERBIOS 15:33

El orgullo hará caer al hombre, mas aquel cuyo espíritu es sin orgullo recibirá honor.

—Proverbios 29:23

⸻

Así que, quiten todo el orgullo que tengan, porque están bajo la poderosa mano de Dios. Al mismo tiempo, Él los levantará.

—1 Pedro 5:6

⸻

Felices son los humildes de corazón, porque Dios les dará la tierra.

—Mateo 5:5

⸻

El Señor es feliz con Su gente. Él salva a aquellos que no tienen orgullo y los hace hermosos.

—Salmo 149:4

⸻

Él guía a aquellos sin orgullo en lo que es recto, y les enseña Su camino.

—Salmo 25:9

⸻

Busquen al Señor, todos ustedes humildes de la tierra y que han obedecido Sus Leyes. Sigan lo recto y lo bueno. No sean orgullosos. Así, podrían ser guardados a salvo en el día de la ira del Señor.

—Sofonías 2:3

⸻

Mas aquellos sin orgullo recibirán la tierra. Y serán felices y tendrán mucho más de lo que necesitan.

—Salmo 37:11

⸻

LARGA VIDA

Aun cuando seas viejo, Yo seré el mismo. Y aun cuando tu cabello se vuelva blanco, Yo te ayudaré. Yo tomaré cuidado de lo que he hecho. Yo te llevaré y te salvaré.

—ISAÍAS 46:4

La sabiduría está con el hombre viejo, y el entendimiento con la larga vida. Con Dios están la sabiduría y la fuerza. Las palabras sabias y el entendimiento pertenecen a Él.

—JOB 12:12–13

El honor del joven es su fuerza. Y el honor del viejo es su cabello volviéndose blanco.

—PROVERBIOS 20:29

Los nietos son el orgullo y el gozo del hombre viejo y el hijo es orgulloso de su padre.

—PROVERBIOS 17:6

El cabello que se vuelve blanco es como una corona de honor que se encuentra en el camino recto con Dios.

—PROVERBIOS 16:31

Tu vida será más brillante que el mediodía. Tu oscuridad será como la mañana.

—JOB 11:17

No me dejes caer en el camino cuando sea viejo. No me dejes solo cuando mi fuerza se haya ido.

—SALMO 71:9

Camina a lo largo del camino que el Señor tu Dios te ha enseñado. Entonces vivirás, te irá bien y vivirás largo tiempo en la tierra que te pertenecerá a ti.

—DEUTERONOMIO 5:33

Debes enseñar lo que es verdadero y justo. Que los ancianos estén tranquilos y sean cuidadosos del modo en que se portan. Deben controlar sus propios deseos. Su fe y su amor deben ser firmes. No deben darse por vencidos. Enseña también a las ancianas a ser calmadas, y a tener cuidado con lo que hacen. No deben decir cosas malas contra otros. No deben mentir, ni dedicarse a la bebida. Más bien, deben enseñar lo que es bueno. Las mujeres ancianas deben enseñarles a las jóvenes a amar a sus esposos y a sus hijos. Deben enseñarles a pensar antes de hacer, a ser puras y trabajadoras en sus hogares, amables y obedientes a sus maridos. De esa manera, se honra la palabra de Dios.

—TITO 2:1–5

Oh Dios, Tú me has enseñado desde mi juventud. Y yo todavía cuento de Tus grandezas. Aun cuando viejo y con el cabello canoso, Oh Dios, no me dejes solo. Déjame contar de Tu fuerza a todas las personas, y acerca de Tu poder a todos los que están por venir.

—SALMO 71:17–18

Oh Señor, déjame saber mi final y cuántos días tengo para vivir. Déjame saber, que no es mucho el tiempo que tengo para vivir. Tú has hecho cada uno de mis días tan cortos como lo ancho de una mano. Mi vida entera no es nada ante Tus ojos. Cada hombre, aun en su mejor estado, es un suspiro.

—Salmo 39:4–5

Mi hijo, no olvides Mi enseñanza. Que tu corazón guarde Mis palabras. Porque ellas añadirán muchos días y anos de vida y paz.

—Proverbios 3:1–2

Entonces, tú, tu hijo y tu nieto temerán al Señor tu Dios. Tú obedecerás todas Sus Leyes que Yo te digo todos los días de tu vida. Y entonces tendrás una larga vida.

—Deuteronomio 6:2

Lo bendeciré con larga vida. Y le mostraré Mi poder salvador.

—Salmo 91:16

El temor del Señor alarga la vida, mas los años del pecador serán acortados.

—Proverbios 10:27

Por Mí tus días aumentarán en número, y años serán agregados a tu vida.

—Proverbios 9:11

LIBERTAD DEL PECADO

Luego pondré agua limpia sobre ti, y tú serás limpio. Te limpiaré de todos tus sucios caminos y tus falsos dioses. Te daré un nuevo corazón y pondré un nuevo espíritu dentro de ti. Quitaré tu corazón de piedra y pondré un corazón de carne.

—EZEQUIEL 36:25–26

Todos los antiguos predicadores hablaron de esto. Todos los que crean en Él recibirán el perdón de sus pecados, por Su nombre.

—HECHOS 10:43

Sabemos que nuestra vida de antes, nuestro viejo yo pecador, fue clavado en la cruz con Cristo. Y así se destruyó el poder del pecado, que tenía poder sobre nosotros. El pecado ya no tiene poder sobre nosotros. Cuando un hombre está muerto, queda libre del poder del pecado.

—ROMANOS 6:6–7

De manera que si alguien pertenece a Cristo, es una nueva persona. La vida antigua terminó, y ha empezado una vida nueva.

—2 CORINTIOS 5:17

El pecado no debe tener poder sobre ustedes, porque viven ya bajo el favor de Dios.

—ROMANOS 6:14

¿Qué quiere decir esto? ¿Que debemos seguir pecando para que Dios nos dé más de Su favor? ¡No. De ninguna manera! Estamos muertos al pecado, de modo que ¿cómo podemos seguir viviendo en pecado?

—ROMANOS 6:1–2

¡Ustedes deben hacer lo mismo! Piensen que ustedes también han muerto al poder del pecado; pero ahora tienen nueva vida, por Jesucristo nuestro Señor. Están viviendo esta vida para Dios.

—ROMANOS 6:11

LUJURIA

¿Qué es lo que causa guerras y pleitos entre ustedes? ¿No será porque quieren muchas cosas y pelean para conseguirlas? Quieren algo que no tienen, y por eso matan. Quieren algo que no pueden conseguir, y por eso pelean. No tienen las cosas porque no las piden a Dios. O, si piden y no reciben, es porque no saben pedir, y las razones por las que piden están equivocadas. Sólo quieren estas cosas para gastarlas en placeres. Son como esposos y esposas que no son fieles. Pecan, haciendo acto sexual con otros. ¿No saben que el amar las cosas del mundo y ser amigos de ellas es estar contra Dios? Sí, y lo digo otra vez, si son amigos del mundo, son enemigos de Dios.

—SANTIAGO 4:1–4

Porque todas las cosas que el mundo da, no vienen del Padre. Los malos deseos de la carne, las cosas que nuestros ojos ven y quieren y el orgullo de las cosas de la vida vienen del mundo. El mundo y todos sus deseos se acabarán, pero el hombre que obedece a Dios y hace lo que Él quiere que haga vivirá para siempre.

—1 JUAN 2:16–17

⟨≈⟩

Ustedes han oído que se decía: 'No cometerás pecados sexuales.' Pero Yo les digo que cualquiera que mira a una mujer con deseo ya pecó con ella en su corazón.

—MATEO 5:27–28

⟨≈⟩

No desees su belleza en tu corazón. No dejes que te atrape con sus ojos. Porque por la mujer que vende su cuerpo para ser usado, uno cae como rodaja de pan. La mujer pecadora anda de cacería para atrapar la vida misma del hombre. ¿Puede acaso el hombre llevar fuego en sus brazos y hacer que su ropa no se queme? ¿Puede acaso un hombre caminar sobre brazas encendidas y no quemarse sus pies? Así es también aquel que va detrás de la mujer de su vecino. Cualquiera que la toque será castigado.

—PROVERBIOS 6:25–29

⟨≈⟩

Por medio de Su grandeza y Su vida perfecta, nos ha dado Sus promesas. Estas promesas son de gran valor. Ninguna cantidad de dinero puede comprarlas. Por medio de estas promesas, pueden tener la vida propia de Dios en ustedes, ahora que se han apartado de las cosas malas del mundo, las cuales vienen de los malos deseos de nuestro cuerpo.

—2 PEDRO 1:4

⟨≈⟩

Por esto, den su vida a Dios, resistan al diablo, y éste huirá de ustedes. Vengan, acérquense a Dios, y Él se acercará a ustedes. ¡Lávense las manos, pecadores! Limpien sus corazones aquellos que quieran seguir los caminos del mundo y a Dios al mismo tiempo.

SANTIAGO 4:7–8

Sean como niños obedientes. No deseen pecar, como lo hacían cuando no sabían hacer otra cosa. Vivan una vida completamente correcta. Sean como Aquel que los escogió. Las santas escrituras dicen: "Sean ustedes buenos como Yo soy bueno".

—1 PEDRO 1:14–16

Apártate de las cosas pecaminosas que los jóvenes quieren hacer. Sigue lo que es correcto. Ten deseos de fe, amor y paz, con los que oran al Señor con un corazón limpio.

—2 TIMOTEO 2:22

Una vez, fuimos nosotros también necios y desobedientes. Estábamos perdidos. Había fuertes deseos que nos mantenían en su poder. Sólo tratábamos de responder a nuestros planes. Queríamos lo que tenían otros y nos enojábamos al no poder tenerlo. Odiábamos a otros, y ellos nos odiaban a nosotros. Pero Dios, el Salvador, demostró Su bondad y Su amor hacia nosotros, salvándonos del castigo del pecado. Eso no fue porque nos esforzamos en hacer las paces con Dios, sino por Su gran favor. Así Él limpió nuestros pecados. Al mismo tiempo, nos dio nueva vida cuando el Espíritu Santo entró en nuestras vidas.

—TITO 3:3–5

En un tiempo todos vivimos para complacernos a nosotros mismos. Hicimos lo que nuestros cuerpos y mentes querían. Fuimos pecadores de nacimiento como toda la otra gente. Por todo esto, Dios estaba enojado con nosotros. Tendríamos que sufrir. Pero Dios estaba lleno de amor para con nosotros. Nos amó con tan gran amor que aun cuando estábamos muertos por nuestros pecados, Él nos dio vida por lo que hizo por nosotros. Ustedes han sido salvados del castigo de sus pecados por medio del gran favor de Dios. Dios nos levantó de la muerte cuando levantó a Cristo Jesús. Nos ha dado un lugar con Cristo en el cielo.

—EFESIOS 2:3–6

Dios mostró Su bondad, dándonos la salvación a todos, enseñándonos que no debemos tomar parte en nada que vaya contra Dios. Debemos apartarnos de los deseos de este mundo, ser sabios y estar en paz con Dios. Debemos llevar vidas cristianas limpias en este mundo.

—TITO 2:11–12

Cuando sean provocados a hacer el mal, nunca digan: "Dios me provocó a hacer el mal". Dios no puede ser tentado, y Él nunca provoca a nadie al mal.

—SANTIAGO 1:13

Los que siguen a Cristo han puesto los pecados de ellos en la cruz de Cristo. Los malos deseos han muerto.

—GÁLATAS 5:24

Ellos dijeron: "En los últimos días habrá hombres que se reirán de la verdad y serán guiados por sus propios deseos pecaminosos". Son hombres que causarán problemas dividiendo a la gente unos contra otros. Sus mentes están en las cosas del mundo porque no tienen el Espíritu Santo. Queridos amigos, deben hacerse fuertes en su santísima fe. Permitan que el Espíritu Santo les guíe mientras oran. Guárdense a sí mismos en el amor de Dios. Esperen la vida que dura para siempre por medio de la compasión de nuestro Señor Jesucristo.

—JUDAS 1:18–21

⸙

Les digo esto: Dejen que el Espíritu Santo les guíe en cada paso de su vida. Así no querrán hacer las cosas malas de antes, porque eso está en contra del Espíritu Santo. Y el Espíritu Santo está en contra de esos malos deseos. Siempre están uno en contra del otro. Así que no pueden hacer lo que quieran.

—GÁLATAS 5:16–17

⸙

¡Ustedes deben hacer lo mismo! Piensen que ustedes también han muerto al poder del pecado; pero ahora tienen nueva vida, por Jesucristo nuestro Señor. Están viviendo esta vida para Dios. Así pues, no permitan que el pecado tenga poder sobre sus cuerpos aquí en la tierra. El pecado no debe tener poder sobre ustedes, porque viven ya bajo el favor de Dios.

—ROMANOS 6:11–12, 14

⸙

Queridos amigos, su verdadero hogar no está aquí en la tierra. Son extranjeros aquí. Y yo les pido que se guarden de todo deseo malo de la carne. Estas cosas pelean para apoderarse del alma.

—1 Pedro 2:11

Matrimonio

Goza de la vida con la mujer que amas todos los días de tu vida porque se acabarán pronto. Dios te ha dado estos días en la tierra. Este es el bien que tú tendrás en la vida junto con tu trabajo, el cual haces bajo el sol.

—Eclesiastés 9:9

Bebe del agua de tu propio pozo, agua que fluye de tu propio manantial.

—Proverbios 5:15

Que tu fuente sea honrada, y sé feliz con la esposa con que te casaste cuando eras joven. Deja que ella sea como una amorosa gacela. Deja que sus pechos te satisfagan en todo momento. Llénate siempre de gran gozo por su amor. Hijo Mío, ¿por qué te dejarías llevar por una mujer pecaminosa y caer en los brazos de la mujer extraña?

—Proverbios 5:18–20

El hombre debe complacer a su esposa, siendo buen esposo. La mujer debe complacer a su esposo, siendo buena esposa.

—1 Corintios 7:3

Mujeres, obedezcan a sus esposos, porque al hacerlo, obedecen al Señor. El esposo es la cabeza de su esposa, como Cristo es la cabeza de la iglesia. La iglesia es el cuerpo de Cristo, a quien Él salva.

—EFESIOS 5:22 23

※

Maridos, amen a sus esposas. Deben amarlas como Cristo amó a la iglesia. Él dio Su vida por ella.

—EFESIOS 5:25

※

Los hombres deben amar a sus esposas como a sus propios cuerpos. El que ama a su esposa, se ama a sí mismo.

—EFESIOS 5:28

※

Por esta razón el hombre dejará a su padre y a su madre cuando se case y se unirá a su mujer. Los dos serán uno.

—EFESIOS 5:31

※

Cualquiera que no cuide a su familia y a los que están en su casa ha abandonado la fe. El que así descuida a los suyos es peor que una persona que nunca ha puesto su fe en Cristo.

—1 TIMOTEO 5:8

※

Esposas, obedezcan a sus maridos. Esto es lo que el Señor quiere que hagan. Maridos, amen a sus mujeres y no tengan malos sentimientos contra ellas.

—COLOSENSES 3:18–19

※

De la misma manera, los esposos deben entender y respetar a sus esposas, porque la mujer es más débil que el hombre. Recuerden ambos, esposo y esposa, que deben compartir juntos el regalo de la vida que dura para siempre. Si no lo hacen así, hallarán que es difícil orar.

—1 PEDRO 3:7

Las mujeres ancianas deben enseñarles a las jóvenes a amar a sus esposos y a sus hijos. Deben enseñarles a pensar antes de hacer, a ser puras y trabajadoras en sus hogares, amables y obedientes a sus maridos. De esa manera, se honra la palabra de Dios.

—TITO 2:4–5

MENTIRA

No se mientan unos a otros, puesto que se han despojado del viejo hombre con sus hechos. Se han convertido en nuevas personas. Aprendan cada vez más sobre Cristo. Que se parezcan más a Cristo. Él los hizo.

—COLOSENSES 3:9–10

No mientas cuando haces una promesa en Mi nombre, poniendo el nombre de tu Dios a vergüenza. Yo soy el Señor.

—LEVÍTICO 19:12

Mentir en contra de su vecino es como arrojar una lanza bien pesada, una espada, o una flecha bien afilada.

—PROVERBIOS 25:18

No hagan planes malvados en sus corazones, unos en contra de otros. Y no amen el hacer falsas promesas. Porque Yo odio todas estas cosas, dice el Señor.

—ZACARÍAS 8:17

Un hombre fiel que dice lo que él sabe, no miente; mas el que no es fiel, miente.

—PROVERBIOS 14:5

Entonces el rey le dijo: "¡En el nombre del Señor!, ¿cuántas veces debo decirte que hables solamente la verdad?".

—1 REYES 22:16

El hombre que miente será castigado. Aquel que dice mentiras, no escapará.

—PROVERBIOS 19:5

No mientas acerca de otra persona. No te juntes con los perversos para decir algo que herirá a alguien.

—ÉXODO 23:1

Si una persona enojada habla en contra de otra persona, diciendo que hizo algo malo, ambas deberán entonces estar delante del Señor, enfrente de los líderes religiosos y los jueces de turno en ese momento. Los jueces elegirán cuidadosamente sus preguntas sobre el problema. Si esta persona que habló en contra acusando de culpable a la otra persona, miente; entonces ustedes harán con ella, lo que ella quería hacerle a su hermano. De esta manera quitarán el pecado entre ustedes.

—DEUTERONOMIO 19:16–19

Pero aquellos que tengan miedo, y los que no tengan fe y la gente con mentes pecaminosas, y los que matan a otros, y los que cometen pecados sexuales, y los que usan la hechicería y los que adoran a dioses falsos, y los que dicen mentiras, serán echados al lago de fuego y azufre. Esta es la muerte segunda.

—APOCALIPSIS 21:8

El hombre que miente sobre otra persona, será castigada. El que dice mentiras se perderá.

—PROVERBIOS 19:9

No hables en contra de tu vecino o prójimo sin razón, no mientas con tus labios.

—PROVERBIOS 24:28

El pecador erra desde que nace. Aquellos que hablan mentiras equivocan el camino desde su nacimiento.

—SALMO 58:3

Pero si tienen envidia en su corazón y pelean por tener muchas cosas, no sientan orgullo de esto. No mientan contra la verdad.

—SANTIAGO 3:14

Los labios que hablan verdad permanecerán para siempre, mas la lengua mentirosa dura solo un rato.

—PROVERBIOS 12:19

MENTIRAS Y REPROCHES

Felices serán cuando la gente los maltrate y diga cosas malas y falsas en su contra con el fin de hacerles daño porque creen en Mí. Alégrense y estén contentos, porque el premio que recibirán en el cielo es grande. Pues así también persiguieron a los antiguos predicadores que vivieron antes que ustedes.

—MATEO 5:11–12

⸗⸗⸗

Si sufren por hacer el bien, serán felices. No tengan miedo ni teman por lo que sus enemigos puedan hacer, para hacerles la vida difícil a ustedes.

—1 PEDRO 3:14

⸗⸗⸗

Desde el cielo me salvará. Él avergonzará al que me ha puesto bajo sus pies. Dios enviará Su misericordia y Su verdad.

—SALMO 57:3

⸗⸗⸗

Escúchenme, ustedes que saben lo que es recto y bueno, ustedes que tienen Mis Leyes en sus corazones. No se mortifiquen por las palabras fuertes del hombre. No se turben cuando hablen en contra de ustedes.

—ISAÍAS 51:7

⸗⸗⸗

Tú los esconderás contigo en secreto de los planes perversos de los hombres. Tú los guardas en Tu tienda en secreto de aquellos que pelean con sus lenguas.

—SALMO 31:20

⸗⸗⸗

Ustedes serán odiados por toda la gente por causa de
Mí, pero el que siga firme hasta el fin será salvo.

—MATEO 10:22

Él hará que tu justicia brille como la luz, y tus acciones
sabias como la luz del mediodía.

—SALMO 37:6

MIEDO

Jesús les dijo a sus seguidores: "¿Por qué tienen tanto
miedo? ¿No tienen ustedes fe?"

—MARCOS 4:40

No teman, pequeño rebaño, porque su Padre desea
darles el reino de Dios.

—LUCAS 12:32

Porque Yo soy el Señor tu Dios Quien te sostengo de tu
mano derecha, Quien te dice: "No temas. Yo te ayudaré".

—ISAÍAS 41:13

Pero el que Me escucha vivirá libre de peligro, y no se
preocupará del temor de lo que es pecaminoso.

—PROVERBIOS 1:33

Dios no nos dio un espíritu de temor, sino de poder,
amor y buen juicio.

—2 TIMOTEO 1:7

No tengan miedo de los que matan el cuerpo, porque ellos no pueden matar el alma. Ténganle miedo al que puede destruir en el infierno tanto el alma como el cuerpo.

—MATEO 10:28

No temas cuando el temor viene todo junto al mismo tiempo. Y no temas cuando viene la tormenta que crea el pecador. Porque en el Señor está tu confianza. Él hará que tu pie no sea atrapado.

—PROVERBIOS 3:25–26

Dios no nos dio un espíritu de temor, sino de poder, amor y buen juicio.

—2 TIMOTEO 1:7

No temerás cuando te recuestes. Cuando descanses, tu sueño será dulce.

—PROVERBIOS 3:24

El Señor cuida de aquellos que hacen lo bueno ante Él. Él oye sus oraciones. Pero el Señor está en contra de aquellos que pecan. ¿Quién les hará daño si hacen el bien? Si sufren por hacer el bien, serán felices. No tengan miedo ni teman por lo que sus enemigos puedan hacer, para hacerles la vida difícil a ustedes.

—1 PEDRO 3:12–14

Todo te irá bien. Ninguno de los que están en autoridad sobre ti te molestarán, no temerás. Estarás lejos de los problemas porque no vendrán cerca de ti.

—ISAÍAS 54:14

No deben portarse como personas esclavas de alguien, que siempre tienen miedo. En lugar de ello, el Espíritu Santo nos hace sus hijos. Podemos llamarle a Él "Padre".

—ROMANOS 8:15

———

De tal manera que podemos decir: "El Señor me ayuda y no temeré nada que los hombres puedan hacerme".

—HEBREOS 13:6

———

Dios es nuestro lugar seguro y nuestra fuerza. Él está siempre listo para ayudarnos cuando estamos en problemas. Así que no temeremos, aunque la tierra tiemble y las montañas caigan en el centro del mar.

—SALMO 46:1–2

———

Yo, Yo mismo, soy el que te conforta. ¿Quién eres tú para temer al hombre mortal? ¿Por qué temes a los hijos de los hombres que son como la grama?

—ISAÍAS 51:12

———

El miedo al hombre trae una trampa, mas aquel que confía en el Señor será honrado.

—PROVERBIOS 29:25

———

Él te cubrirá con Sus alas y debajo de ellas estarás seguro. Él es fiel como un refugio, un gran muro de protección. No temerás de peligros durante la noche ni de las flechas que vuelan de día. No temerás de la enfermedad que camina en la oscuridad o de la destrucción al mediodía.

—SALMO 91:4–6

———

No temas, porque no serás avergonzado. No te
preocupes porque no serás puesto para vergüenza.

—ISAÍAS 54:4

∞∞

Cuando pases sobre las aguas, Yo estaré contigo.
Cuando pases por los ríos, estos no se inundarán sobre
ti. Cuando camines a través del fuego, no te quemarás.
El fuego no te destruirá.

—ISAÍAS 43:2

∞∞

Yo les doy Mi paz. La dejo con ustedes. No les doy paz
como el mundo la da. No dejen que sus corazones sean
turbados ni tengan miedo.

—JUAN 14:27

∞∞

Sí, aunque camine a través del valle de la sombra de
muerte, no tendré miedo a nada, porque Tú estás
conmigo. Tú usas una vara para el camino con la cual
me guías, y otra con la cual me ayudas. Esto me
conforta. Tú estás preparando una mesa llena de
comida para mí, para que todos aquellos que me odian
la vean. Has puesto aceite sobre mi cabeza. Yo tengo
todo lo que necesito.

—SALMO 23:4–5

∞∞

El Señor es mi luz y Quien me salva. ¿A quién temeré?
El Señor es la fuerza de mi vida. ¿De quién debo temer?
… Aun si un ejército me rodeara, mi corazón no temerá.
Aun si guera se levantara contra mí, estaré seguro en Ti.

—SALMO 27:1, 3

∞∞

Pero tenemos poder sobre todas esas cosas por Jesucristo, que tanto nos ama. Porque sé que ¡nada ni nadie puede apartarnos del amor de Dios! Ni la muerte, ni la vida, ni ángeles, ni dirigentes, ni ningún poder, ni los sufrimientos presentes o futuros, ni lo alto, ni lo bajo, ni ninguna criatura viviente. ¡Nada ni nadie puede apartarnos del amor de Dios, que es nuestro, por Jesucristo nuestro Señor!

—ROMANOS 8:37–39

MISERICORDIA

El Señor quiere mostrarte generosidad. Él espera en lo alto para tener compasión de ti. Porque el Señor es un Dios de lo que es recto y justo. Y el bien vendrá a todos los que esperan en Él.

—ISAÍAS 30:18

El Señor, el Señor Dios, con compasión y favor amoroso, lento para el enojo, lleno de misericordia y verdad, que guarda misericordia para miles, perdonando las maldades y pecados.

—ÉXODO 34:6–7

Yo la plantaré para Mí mismo en la tierra. Aquellos que no eran amados, Yo los llamaré: "Mis amados". Aquellos que no eran Mi pueblo, Yo los llamaré: "Mi pueblo". Y ellos dirán: "Tú eres mi Dios".

—OSEAS 2:23

El Señor tiene compasión de aquellos que Le temen, así como un padre tiene compasión de sus hijos.

—SALMO 103:13

⸙⸙⸙

Mas la bondad del Señor es eterna y para siempre con aquellos que Le temen. Su justicia permanece para siempre de generación en generación.

—SALMO 103:17

⸙⸙⸙

Y Dios dijo: "Yo te mostraré Mi bondad. Yo te haré conocer el nombre del Señor. Yo tendré bondad y misericordia de los que Yo quiera tenerlas".

—ÉXODO 33:19

⸙⸙⸙

Gente de tierras extrañas construirán tus paredes, y sus reyes te ayudarán. Porque Te he destruido en Mi enojo, mas en Mi favor he tenido compasión de ti.

—ISAÍAS 60:10

⸙⸙⸙

Debido a Mi nombre detengo Mi enojo. Para Mi alabanza Me guardo a Mí mismo de no quitarte de delante de Mí.

—ISAÍAS 48:9

⸙⸙⸙

MUERTE

Sí, aunque camine a través del valle de la sombra de muerte, no tendré miedo a nada, porque Tú estás conmigo. Tú usas una vara para el camino con la cual me guías, y otra con la cual me ayudas. Esto me conforta.

—SALMO 23:4

⸙⸙⸙

Oh muerte, ¿dónde está tu poder? Oh muerte, ¿dónde están tus dolores?

—1 Corintios 15:55

El malvado cae por sus propias ofensas, mas el hombre que es justo ante Dios tiene un lugar seguro para su muerte.

—Proverbios 14:32

Ahora somos salvos del castigo del pecado por la sangre de Cristo, y Él nos salvará también de la ira de Dios.

—Romanos 5:9

Es cierto. Tenemos con Jesús el mismo Padre. También compartimos la misma carne y la misma sangre, porque Jesús se hizo hombre como nosotros y murió como tenemos que morir todos. Por medio de Su muerte, destruyó el poder del diablo quien tenía el poder de la muerte. Jesús hizo esto para librarnos de la muerte. Así que ya no debemos estar sujetos a ese temor.

—Hebreos 2:14–15

En verdad les digo, el que hace caso a lo que Yo digo, nunca morirá.

—Juan 8:51

Este es Dios, nuestro Dios por los siglos de los siglos. Él nos mostrará el camino hasta la muerte.

—Salmo 48:14

Aunque mi cuerpo y mi corazón se debiliten, Dios es la fortaleza de mi corazón y todo lo que necesito para siempre.

—SALMO 73:26

Mas Dios librará mi alma del poder de la tumba. Porque Él me tomará para Sí.

—SALMO 49:15

Él quitará la muerte para siempre. El Señor Dios secará las lágrimas de todas las caras.

—ISAÍAS 25:8

Yo pagaré el precio para librarlos del poder de la tumba. Yo los salvaré del poder de la muerte. Oh Muerte, ¿dónde están tus espinas? Oh Tumba, ¿dónde está tu poder destructor? No tendré compasión.

—OSEAS 13:14

Mira al hombre sin mancha. Y observa al hombre que es recto y bueno. El hombre de paz tendrá mucha descendencia.

—SALMO 37:37

Porque sé que ¡nada ni nadie puede apartarnos del amor de Dios! Ni la muerte, ni la vida, ni ángeles, ni dirigentes, ni ningún poder, ni los sufrimientos presentes o futuros, ni lo alto, ni lo bajo, ni ninguna criatura viviente. ¡Nada ni nadie puede apartarnos del amor de Dios, que es nuestro, por Jesucristo nuestro Señor!

—ROMANOS 8:38–39

Esta es la razón por la que nunca nos desanimamos. Nuestro cuerpo se gasta, pero nuestro espíritu se fortalece cada día.

—2 Corintios 4:16

Entonces quien ponga su fe en Él tendrá vida que durará para siempre.

—Juan 3:15

Porque sé que ¡nada ni nadie puede apartarnos del amor de Dios! Ni la muerte, ni la vida, ni ángeles, ni dirigentes, ni ningún poder, ni los sufrimientos presentes o futuros, ni lo alto, ni lo bajo, ni ninguna criatura viviente. ¡Nada ni nadie puede apartarnos del amor de Dios, que es nuestro, por Jesucristo nuestro Señor!

—Romanos 8:38–39

Negarse a Sí mismo

Jesús dijo a sus seguidores: "Si alguno quiere ser Mi seguidor, deberá olvidarse de sí mismo, tomar su cruz y seguirme. Si alguno quiere salvar su vida, la perderá; pero si alguno pone su vida por Mi causa, la salvará. Porque ¿qué aprovechará al hombre, si gana todo el mundo y pierde su propia alma?

—Mateo 16:24–26

Los que siguen a Cristo han puesto los pecados de ellos en la cruz de Cristo. Los malos deseos han muerto.

—Gálatas 5:24

Así pues, hermanos cristianos, no debemos hacer lo que nuestro antiguo yo pecador quiere que hagamos. Si hacen lo que su antiguo yo pecador quiere que hagan, morirán en su pecado. Pero, si por el poder del Espíritu Santo, destruyen los actos que puedan gobernar el cuerpo, tendrán vida.

—ROMANOS 8:12–13

⁂

Dios mostró Su bondad, dándonos la salvación a todos, enseñándonos que no debemos tomar parte en nada que vaya contra Dios. Debemos apartarnos de los deseos de este mundo, ser sabios y estar en paz con Dios. Debemos llevar vidas cristianas limpias en este mundo.

—TITO 2:11–12

⁂

Jesús les dijo: "Y Yo les digo, cualquiera que deja su casa o sus padres o hermanos o esposa o hijos por el reino de Dios, recibirá mucho más ahora y, en el futuro, tendrá la vida sin fin".

—LUCAS 18:29–30

⁂

Pero Yo les digo que no peleen con el que quiera pelear. Si alguien te pega en el lado derecho de la cara, ofrécele también el otro lado. A cualquiera que te lleve ante la corte para quitarte la camisa, dale también el saco. A cualquiera que te haga caminar un tramo corto, camina con él el doble.

—MATEO 5:39–41

⁂

Ellos le respondieron: "Cree en el Señor Jesucristo y serás salvo del castigo del pecado, tú y tu familia".

—HECHOS 16:31

⸺⸺⸺⸺

Porque la promesa es para ustedes, sus hijos y todas las personas de todo el mundo; es para todos aquellos que el Señor nuestro Dios llame".

—HECHOS 2:39

⸺⸺⸺⸺

Yo derramaré agua sobre la tierra sedienta y los ríos secos. Yo derramaré de Mi Espíritu sobre tus hijos y traeré bien a los hijos de tus hijos.

—ISAÍAS 44:3

⸺⸺⸺⸺

Jesús vio esto y se enojó con los seguidores. Les dijo: "Dejen que los niños vengan a Mí; no los detengan. El reino de Dios es de seres como ellos. En verdad les digo, cualquiera que no recibe el reino de Dios como un niño pequeño no entrará en él". Jesús tomó a los niños en sus brazos y los bendijo: poniendo sus manos sobre ellos.

—MARCOS 10:14–16

⸺⸺⸺⸺

Entiendan, los niños son regalos del Señor. Los niños nos nacen como un pago especial. Los niños de los hombres jóvenes son como flechas en la mano de un soldado. Feliz es el hombre que tiene muchos hijos. Ellos no serán avergonzados al hablar en las puertas de la ciudad con aquellos quienes les odian.

—SALMO 127:3–5

⸺⸺⸺⸺

Todos tus hijos serán enseñados por el Señor, y el bienestar de ellos será grande.

—ISAÍAS 54:13

Tu esposa será como una viña con mucho fruto dentro de tu casa. Tus hijos serán como plantas de olivo alrededor de tu mesa.

—SALMO 128:3

Mas Él levanta a aquellos en necesidad sacándolos de sus problemas. Él hace crecer sus familias en gran número.

—SALMO 107:41

Ellos envían sus pequeños como si fueran un rebaño de ovejas, y sus hijos saltan por todos lados.

—JOB 21:11

Los nietos son el orgullo y el gozo del hombre viejo y el hijo es orgulloso de su padre.

—PROVERBIOS 17:6

QUEHACERES DE LOS NIÑOS

Hijos, su deber como cristianos es obedecer a sus padres, porque esto es bueno. Respeten a su padre, y a su madre, porque es el primer mandamiento con promesa. La promesa es esta: Si respetan a su padre y a su madre, tendrán larga vida y en todo lo que hagan les irá bien.

—EFESIOS 6:1–3

Hijos, obedezcan en todo a sus padres, porque eso le agrada al Señor.

—COLOSENSES 3:20

❧

Respeta a tu padre y a tu madre.

—LUCAS 18:20

❧

Maldito es aquel que pone a su padre o madre en vergüenza.

—DEUTERONOMIO 27:16

❧

Cada uno de ustedes debe respetar a su madre y padre.

—LEVÍTICO 19:3

❧

Honra a tu padre y a tu madre, como el Señor tu Dios te ha dicho.

—DEUTERONOMIO 5:16

❧

Hijo Mío, guarda la enseñanza de tu padre, y no te apartes de la enseñanza de tu madre.

—PROVERBIOS 6:20

❧

El hijo sabio escucha cuando su padre le dice cuál es el camino recto, mas el que se ríe de la verdad no escucha cuando se le hablan palabras fuertes.

—PROVERBIOS 13:1

❧

El tonto se aparta de la enseñanza fuerte de su padre, mas el que recuerda las palabras fuertes que se le han dicho, es sabio.

—PROVERBIOS 15:5

❧

El joven se hace conocer por sus acciones y demuestra si sus caminos son puros y rectos.

—PROVERBIOS 20:11

El hijo sabio hace feliz al padre, mas el necio es tristeza para la madre.

—PROVERBIOS 10:1

Hijo Mío, si pecadores tratan de llevarte hacia el mal, no vayas con ellos.

—PROVERBIOS 1:10

Aquel que guarda la ley es un hijo sabio, mas el amigo de los hombres que comen mucho avergüenza a su padre.

—PROVERBIOS 28:7

Oh hijos, escúchenme, felices son aquellos que guardan Mis caminos. Escuchen Mis enseñanzas y sean sabios. No se aparten de ellas.

—PROVERBIOS 8:32–33

Mi hijo, si tu corazón es sabio, Mi propio corazón estará feliz también. Mi corazón estará lleno de gozo cuando tus labios hablan lo que es recto.

—PROVERBIOS 23:15–16

Escucha a tu padre quien te dio la vida, y no odies a tu madre cuando anciana.

—PROVERBIOS 23:22

El padre de aquel quien es recto ante Dios tendrá mucho gozo. Aquel quien tiene un hijo sabio se alegrará en él. Deja que tu padre y tu madre estén felices, y deja que aquella que te hizo nacer esté llena de gozo. Dame tu corazón, hijo Mío. Deja que tus ojos encuentren gozo en Mis caminos.

—PROVERBIOS 23:24–26

OBEDIENCIA

Mira, He puesto hoy delante de ti la vida y lo que es bueno, y la muerte y lo que es malo. Yo te dijo hoy: "Ama al Señor tu Dios". Camina en Sus caminos. Guarda todas Sus Leyes y todo lo que Él ha decidido. Entonces vivirás y crecerás en gran número. Y el Señor tu Dios te bendecirá en la tierra que estás por tomar.

—DEUTERONOMIO 30:15–16

Haz justicia y rectitud ante los ojos del Señor. Entonces te irá bien. Y entrarás y tomarás la buena tierra para ti mismo, la cual el Señor prometió que la daría a tus padres.

—DEUTERONOMIO 6:18

Oh Israel, tú debes escuchar y ser cuidadosa en obedecer todas Sus Leyes. Entonces te irá bien. Y crecerán en gran número en la tierra donde fluye leche y miel. Esto es lo que el Señor, el Dios de tus padres, te ha prometido.

—DEUTERONOMIO 6:3

Si escuchas a estas Leyes y las obedeces, el Señor tu Dios guardará Su pacto y amor bondadoso tal como Él lo prometió a tus padres.

—DEUTERONOMIO 7:12

∞

El que oye Mis palabras y las hace será como el hombre sabio que construyó su casa sobre la roca. Cayó la lluvia, subió el agua, sopló el viento y golpeó la casa, pero la casa no se cayó porque estaba construida sobre la roca.

—MATEO 7:24–25

∞

¡Si tan solo tuvieran tal corazón en ellos, que Me temieran y vivieran de acuerdo a todas Mis leyes para siempre! Entonces les iría bien a ellos y a sus hijos por siempre.

—DEUTERONOMIO 5:29

∞

Sé cuidadoso en guardar las palabras de este acuerdo y en obedecerlas, para que te vaya bien en todo lo que hagas.

—DEUTERONOMIO 29:9

∞

Sigan haciendo lo que aprendieron, recibieron y oyeron de mis labios. Hagan las cosas que me vieron hacer. Así, el Dios que da paz, estará con ustedes.

—FILIPENSES 4:9

∞

Sabemos que Dios hace que todas las cosas sean para bien a los que Le aman y han sido escogidos para formar parte de Su plan.

—ROMANOS 8:28

∞

Cualquiera que hace a un lado aunque sea una pequeña parte de la ley de Moisés y enseña a la gente a hacer lo mismo será llamado el menor de todos en el reino de Dios. El que obedece y enseña a otros a obedecer lo que manda la ley de Moisés será llamado grande en el reino de Dios.

—MATEO 5:19

⸎

Jesús le dijo: "Aquel que Me ama obedecerá Mis enseñanzas. Y Mi Padre lo amará y vendremos a él; viviremos con él".

—JUAN 14:23

⸎

Si obedecen Mis enseñanzas vivirán en Mi amor. De esta manera, Yo he obedecido las enseñanzas de Mi Padre y vivo en Su amor.

—JUAN 15:10

⸎

Si saben estas cosas y las hacen, serán felices.

—JUAN 13:17

⸎

Pero aquel que se mantiene dentro de la perfecta Ley de Dios y no se olvida de hacer lo que ésta le dice es muy feliz porque la está cumpliendo. La palabra de Dios hace al hombre libre.

—SANTIAGO 1:25

⸎

Recibiremos de Él lo que pidamos, si Le obedecemos y hacemos lo que Él quiere.

—1 JUAN 3:22

⸎

Porque sólo conocer la ley judía no lo hace a uno estar bien con Dios, sino el cumplirla.

—ROMANOS 2:13

━━❦━━

En verdad, les digo, cualquiera que oye Mi palabra y cree en el que Me envió tiene vida que durará para siempre, no será culpable, pues ya ha pasado de la muerte a la vida.

—JUAN 5:24

━━❦━━

Cualquiera que hace lo que Mi Padre que está en el cielo quiere que se haga, ése es Mi hermano y Mi hermana y Mi madre.

—MATEO 12:50

━━❦━━

El mundo y todos sus deseos se acabarán, pero el hombre que obedece a Dios y hace lo que Él quiere que haga vivirá para siempre.

—1 JUAN 2:17

━━❦━━

No todo el que Me dice: "Señor, Señor", entrará en el reino de los cielos, sino sólo el que hace las cosas que Mi Padre que está en el cielo quiere que se hagan.

—MATEO 7:21

━━❦━━

Felices son aquellos quienes son fieles en ser justos y quienes siempre hacen lo recto y bueno.

—SALMO 106:3

━━❦━━

Y habiendo sido hecho perfecto, hizo posible que todos los que Le obedezcan se salven del castigo del pecado.

—HEBREOS 5:9

⁓

En verdad les digo: "El que hace caso a lo que Yo digo, nunca morirá".

—JUAN 8:51

⁓

ORACIÓN

Pidan, y lo que pidan, les será dado. Busquen, y lo que busquen, encontrarán. Llamen a la puerta, y se les abrirá. Porque el que pide, recibe lo que está pidiendo; el que busca, encuentra lo que está buscando; al que llama a la puerta, se le abre.

—MATEO 7:7–8

⁓

Todas las cosas que ustedes pidan en oración las recibirán, si tienen fe.

—MATEO 21:22

⁓

Oh gente en Sion que viven en Jerusalén, ustedes dejarán de llorar. De seguro Él les mostrará misericordia al sonido de su lamento. Cuando Él lo escuche, Él te responderá.

—ISAÍAS 30:19

⁓

Entonces Me llamarás y orarás a Mí, y Yo te escucharé.

—JEREMÍAS 29:12

⁓

Estamos seguros que si pedimos cualquier cosa que Él quiere que tenga más, Él nos oirá. Y si estamos seguros que Él oye cuando Le pedimos, podemos estar seguros de tener lo que pedimos.

—1 JUAN 5:14–15

Y será aun antes de que ellos llamen, que Yo responderé. Mientras estén todavía hablando, Yo oiré.

—ISAÍAS 65:24

Y Yo les digo: "Pidan, y se les dará; busquen, y encontrarán; llamen, y la puerta les será abierta".

—LUCAS 11:9

Si obtienen la vida de Mí y Mis palabras viven en ustedes, pidan lo que quieran, y se les hará.

—JUAN 15:7

Cuando el tiempo venga de que Me vean otra vez, no Me preguntarán nada. En verdad les digo, Mi Padre les dará todo lo que pidan en Mi nombre. Hasta ahora ustedes no han pedido nada en Mi nombre. Pidan y recibirán. Entonces su gozo será completo.

—JUAN 16:23–24

Confiesen sus pecados unos a otros y pidan a Dios unos por otros, para que sean sanados. Pues la oración del hombre que está bien con Dios tiene mucho poder.

—SANTIAGO 5:16

Y todo lo que pidan en Mi nombre, Yo lo haré, para que así la grandeza del Padre brille y sea vista en el Hijo.

—JUAN 14:13

⚬⚬⚬

Cuando ustedes oren, entren solos en el cuarto y después de haber cerrado la puerta, oren al Padre que está allí con ustedes. Entonces el Padre que ve lo que hacen en secreto, les dará su premio.

—MATEO 6:6

⚬⚬⚬

Clama a Mí en el día de la angustia. Yo te libraré del peligro, y tú Me honrarás.

—SALMO 50:15

⚬⚬⚬

Entonces llamarás, y el Señor responderá. Llorarás, y Él dirá: "Aquí estoy".

—ISAÍAS 58:9

⚬⚬⚬

El Señor está lejos del pecador, mas Él oye la oración de aquellos que son justos ante Él.

—PROVERBIOS 15:29

⚬⚬⚬

Aquellos que son justos en el Señor lloran, y Él los oye. Y los saca de todos sus problemas.

—SALMO 34:17

⚬⚬⚬

Oh Tú Quien escuchas las oraciones, a Ti vienen todos los hombres.

—SALMO 65:2

⚬⚬⚬

Él Me llamará, y Yo le responderé.

—Salmo 91:15

❦

Pues si ustedes, que son malos, saben dar buenas cosas a sus hijos, ¿cuánto más su Padre que está en el cielo Les dará buenas cosas a aquellos que Le pidan?

—Mateo 7:11

❦

Yo gritaré y me quejaré en la noche, en la mañana y al mediodía, y Él oirá mi voz.

—Salmo 55:17

❦

El Señor está cerca a todo aquel que Le llama, a todos los que Le llaman en verdad. Él suplirá el deseo de aquellos que Le temen. Y Él también oirá su llanto y los salvará.

—Salmo 145:18–19

❦

No sean como ellos, pues el Padre sabe lo que necesitan, aun antes de que se lo pidan.

—Mateo 6:8

❦

Recibiremos de Él lo que pidamos, si Le obedecemos y hacemos lo que Él quiere.

—1 Juan 3:22

❦

Y traeré a la tercera parte a través del fuego. Los haré puros como la plata se hace pura. Los probaré como se prueba el oro. Ellos llamarán a Mi nombre, y Yo les responderé. Yo diré: "Ellos son Mi pueblo", y ellos dirán: "El Señor es mi Dios".

—Zacarías 13:9

❦

Llámame, y Yo te responderé, y te mostraré cosas
grandes y maravillosas que tú no conoces.

—JEREMÍAS 33:3

Por esto, les digo que lo que ustedes pidan, teniendo fe
que lo van a recibir, se les dará.

—MARCOS 11:24

ORGULLO

El orgullo viene antes de la destrucción y el espíritu
altivo antes de la caída.

—PROVERBIOS 16:18

¡Es malo para aquellos que se creen que son sabios y
quienes piensan que lo saben todo!

—ISAÍAS 5:21

¿Has visto al hombre que se cree sabio? Hay más
esperanza en el necio que en él.

—PROVERBIOS 26:12

Mira a cualquiera que es orgulloso y humíllalo. Destruye
al pecador allí mismo donde está.

—JOB 40:12

"Orgulloso", "Creído" y "Burlador de la Verdad" son los
nombres del hombre que actúa sin respeto y es
orgulloso.

—PROVERBIOS 21:24

Tú hablas palabras cortantes a los orgullosos, a los odiados, porque ellos se han apartado de Tu Palabra.

—SALMO 119:21

———

El hombre orgulloso comienza pleitos, mas todo le irá bien a aquel que confía en el Señor. Aquel que confía en su propio corazón es necio, mas aquel quien camina en sabiduría estará a salvo.

—PROVERBIOS 28:25—26

———

El temor de Dios es odiar lo que es pecaminoso. Yo odio la altivez, la arrogancia, el camino del pecado y las mentiras.

—PROVERBIOS 8:13

———

Deja que otro hombre te alabe, y no tu propia boca. Que sean los labios del extraño y no los tuyos propios.

—PROVERBIOS 27:2

———

Entonces Jesús les dijo: "Ustedes son la clase de personas que se hacen aparecer buenas delante de otros, pero Dios conoce sus corazones. Lo que el hombre piensa que es bueno es odiado por Dios.

—LUCAS 16:15

———

Si alguien quiere tener orgullo, debe tenerlo en la obra del Señor. Lo importante no es lo que un hombre piensa y dice de sí mismo, sino lo que Dios piensa de él.

—2 CORINTIOS 10:17—18

———

¿Cómo pueden creer cuando siempre quieren el honor de unos y de otros? Y todavía ustedes no buscan el honor que viene del Padre.

—JUAN 5:44

Jesús se sentó y llamó a Sus discípulos y les dijo: "Si alguno quiere ser el primero, tendrá que ser el último de todos, el que sirve a los demás".

—MARCOS 9:35

PACIENCIA

Hermanos en Cristo, esperen tranquilos hasta que vuelva el Señor. Aprendan del campesino. Él espera el buen fruto de la tierra hasta que las primeras y las últimas lluvias caen. Ustedes deben ser pacientes en esperar también. Sean fuertes en sus corazones porque el Señor vendrá pronto.

—SANTIAGO 5:7–8

¿Qué mérito tienen, si cuando son golpeados por hacer algo malo, no tratan de defenderse? Pero cuando son golpeados porque han hecho el bien, y no tratan de defenderse, hasta Dios se agrada.

—1 PEDRO 2:20

No debemos cansarnos de hacer el bien. Si no nos desanimamos, recibiremos, a su tiempo, lo que merecemos.

—GÁLATAS 6:9

Mantengamos firme la esperanza que decimos tener.
No la cambiemos, pues podemos confiar en que Dios
hará lo que prometió.

—HEBREOS 10:23

Pero el que permanezca firme hasta el fin será salvo.

—MATEO 24:13

No sean perezosos. Sean como los que tienen fe y no se
dan por vencidos, porque ellos recibirán lo que Dios ha
prometido.

—HEBREOS 6:12

Tengan paciencia, porque después de hacer lo que Dios
quiere que hagan, recibirán de Dios lo que Él les
prometió.

—HEBREOS 10:36

Mis hermanos en Cristo, Deben estar felices cuando les
lleguen toda clase de pruebas. Sepan, pues, que esto
probará su confianza. Les ayudará a no darse por
vencidos. Aprendan bien a esperar y serán fuertes y
completos. No les hará falta nada.

—SANTIAGO 1:2–4

Somos felices también por nuestras penas, sabiendo que
ellas nos ayudan a no rendirnos. Cuando aprendemos a
no rendirnos, mostramos que salimos bien en la prueba.
Y cuando hemos salido bien en la prueba, tenemos
esperanza.

—ROMANOS 5:3–4

Deberes de los padres

Porque Yo le he escogido a él, para que él enseñe a sus hijos y a los hijos de su casa después de él, para perpetuar el camino del Señor haciendo lo que es recto y justo, para que entonces el Señor le traiga a Abraham lo que Él le ha prometido.

—GÉNESIS 18:19

Nosotros no las esconderemos de sus hijos. Mas bien les diremos: "vengan a adorar al Señor por Su poder y por las cosas grandes que Él ha hecho". Porque Él le ha hecho conocer Su voluntad a Jacob. Él hizo la Ley en Israel, la cual Él le ha dicho a nuestros padres que la pasen a sus hijos. Así, los hijos que vengan también conocerán la Ley, y aun los que no han nacido todavía. Para que ellos a su vez críen y les digan a sus hijos. Entonces ellos pondrán su confianza en Dios y olvidarán las obras de Dios. Y ellos guardarán Su Ley.

—SALMO 78:4–7

Enséñaselas a tus hijos. Habla sobre ellas cuando te sientes en tu casa y cuando andes en el camino y cuando te acuestes y cuando te levantes.

—DEUTERONOMIO 11:19

Tú le dirás a tu hijo en aquel día: "Esto es por lo que el Señor hizo por mí cuando salí de Egipto".

—ÉXODO 13:8

Cría al niño enseñándole el camino por el que debe
andar, y cuando fuere viejo no se apartará de él.
—PROVERBIOS 22:6

⸻

Sé cuidadoso. Mantente alerta sobre tu vida. O te
podrías olvidar de las cosas que has visto. No permitas
que abandonen tu corazón por el resto de tu vida.
Antes bien, enséñaselas a tus hijos y a tus nietos.
Recuerda el día en que estuviste parado en frente del
Señor tu Dios en el Monte Sinaí. El Señor me dijo:
"Junta al pueblo delante de Mí, para que Les deje
escuchar Mis palabras. Entonces tal vez aprendan a
temerme todos los días que vivan en la tierra, y
enseñen a sus hijos.
—DEUTERONOMIO 4:9–10

⸻

Corrige a tu hijo cuando haga lo incorrecto, y él
confortará. Sí, él dará gozo a tu alma.
—PROVERBIOS 29:17

⸻

Padres, no sean duros con sus hijos, para que no se
enojen. Críenlos en disciplina con amor en el Señor.
—EFESIOS 6:4

⸻

Padres, no sean duros con sus hijos para que no se
desanimen ni dejen de hacer lo que es bueno.
—COLOSENSES 3:21

⸻

PALABRA DE DIOS

No me avergüenzo de las buenas nuevas porque son el poder de Dios; es la manera en que Él salva a los hombres del castigo de sus pecados si confían en Él, primero para los judíos y después para todos los demás.

—ROMANOS 1:16

El hombre que lea este libro y obedezca lo que dice, será feliz. Porque todas estas cosas sucederán pronto.

—APOCALIPSIS 1:3

Todo esto nos ayuda a conocer que lo que los antiguos predicadores dijeron era verdad. Ustedes harán bien en escuchar lo que ellos han dicho. Sus palabras son como luces que brillan en un lugar oscuro. Escuchen hasta que entiendan lo que ellos han dicho. Entonces lo que ellos dijeron será como la luz de la mañana que quita la oscuridad. Y la Estrella de la Mañana (Cristo) se levantará para brillar en sus corazones.

—2 PEDRO 1:19

La palabra de Dios es viva y poderosa. Es más aguda que una espada que corta por los dos lados. Parte el alma y también el espíritu, hasta lo más íntimo de nuestro ser. Indica lo que piensa el corazón y lo que desea hacer.

—HEBREOS 4:12

El abrir Tus Escrituras da luz. Le da entendimiento al simple.

—SALMO 119:130

―∞―

Porque la palabra es lámpara. La enseñanza es luz, y las palabras fuertes que corrigen son el camino de la vida.

—PROVERBIOS 6:23

―∞―

Tu Palabra es lámpara a mis pies y luz en mi camino.

—SALMO 119:105

―∞―

Leen las sagradas escrituras y piensan que tienen vida sin fin nada más porque las leen. Ellas hablan de Mí.

—JUAN 5:39

―∞―

Así, la fe nos llega al escuchar las buenas nuevas, y las buenas nuevas llegan cuando hay alguien que las predica.

—ROMANOS 10:17

―∞―

Como niños recién nacidos quieren leche, descen ustedes la leche que es la palabra de Dios. Así crecerán y serán salvos del castigo del pecado.

—1 PEDRO 2:2

―∞―

Guarda Mis palabras en tu corazón y tu alma. Átalas como algo especial que se vea en tu mano y en tu frente entre tus ojos.

—DEUTERONOMIO 11:18

―∞―

Este libro de la Ley no debe abandonar tu boca. Piensa en él de día y de noche, para que seas cuidadoso en hacer todo lo que está escrito en él. Entonces todo te irá bien y prosperarás.

—Josué 1:8

Saquen de su vida todo lo que sea sucio y malo. Reciban con corazón humilde la palabra que les ha sido enseñada. Esa palabra tiene el poder de salvarlos del castigo del pecado. Obedezcan la palabra de Dios, pues si sólo la oyen y no hacen nada, se están engañando. Cualquiera que oye la palabra de Dios y no la obedece, es como un hombre viendo su cara en un espejo. Después de que se ve, se va, y olvida cómo es. Pero aquel que se mantiene dentro de la perfecta Ley de Dios y no se olvida de hacer lo que ésta le dice es muy feliz porque la está cumpliendo. La palabra de Dios hace al hombre libre.

—Santiago 1:21–25

Conoces las escrituras desde niño. Ellas pueden hacerte sabio para ser salvo del castigo del pecado, por la fe en Cristo Jesús. Todas las escrituras fueron dadas por Dios y tienen vida por Él. El hombre recibe ayuda de las enseñanzas de las escrituras. Le dicen lo que es malo, le cambian la vida, le demuestran cómo estar bien con Dios.

—2 Timoteo 3:15–16

Se les ha dado un nuevo nacimiento. Y fue dado de una semilla que no puede morir. La vida nueva viene de la palabra de Dios que vive para siempre.

—1 Pedro 1:23

Y ahora, hermanos, les encomiendo a Dios y a la palabra de Su amor, la cual es poderosa para fortalecerlos y darles lo que deben recibir, junto con todos los escogidos de Dios.

—HECHOS 20:32

Paz

Yo haré que los labios alaben: Paz, paz al que está lejos y al que está cerca, dice el Señor; Yo los sanaré.

—ISAÍAS 57:19

Que la paz de Cristo tenga poder sobre sus corazones, pues fueron escogidos como partes de Su cuerpo. Sean siempre agradecidos.

—COLOSENSES 3:15

La paz de Dios es mucho más grande que lo que nuestras mentes humanas pueden entender. Esta paz guardará sus corazones y mentes en Cristo Jesús.

—FILIPENSES 4:7

El ser recto y bueno traerá paz. De hacer lo recto y lo bueno vendrá la confianza serena para siempre.

—ISAÍAS 32:17

Tu fe te ha salvado del castigo del pecado. Ve en paz.

—LUCAS 7:50

Mira al hombre sin mancha. Y mira al hombre que es recto y bueno. El hombre de paz tendrá mucha descendencia.

—Salmo 37:37

⸺⸎⸺

Y el mismo Señor de paz les dé siempre de Su misma paz. Sea el Señor con todos ustedes.

—2 Tesalonicenses 3:16

⸺⸎⸺

Yo les doy Mi paz. La dejo con ustedes. No les doy paz como el mundo la da. No dejen que sus corazones sean turbados ni tengan miedo.

—Juan 14:27

⸺⸎⸺

Yo escucharé lo que Dios el Señor dirá. Porque Él hablará paz a Su pueblo, a aquellos que son rectos ante Él.

—Salmo 85:8

⸺⸎⸺

Pecados Sexuales

¡Huyan de los pecados sexuales! Cualquier otro pecado que comete el hombre no daña su cuerpo, pero el que hace pecado sexual hace pecado contra su propio cuerpo. ¿No saben que su cuerpo es el templo de Dios, y que el Espíritu Santo vive en él? Dios les dio Su Espíritu Santo y ahora ustedes pertenecen a Dios; ya no pertenecen a ustedes mismos.

—1 Corintios 6:18–20

⸺⸎⸺

El cuerpo no se hizo para cometer pecados sexuales. Mas bien el cuerpo Le pertenece al Señor. El Señor debe ser Señor de nuestro cuerpo.

—1 Corintios 6:13

Esto es lo que digo a los que no se han casado y a las viudas: Es bueno para ustedes no casarse, así como yo no soy casado. Pero si ustedes no pueden dejar los deseos sexuales, cásense; pues es mejor casarse que pecar a causa de los deseos sexuales.

—1 Corintios 7:8–9

Dios quiere que sean fieles. Deben apartarse de los pecados sexuales.

—1 Tesalonicenses 4:3

Ustedes me preguntaron algo en su carta, y yo les respondo esto: Es bueno para el hombre no casarse. Pero, debido a las tentaciones del sexo, cada mujer debe casarse y tener su propio esposo; y cada hombre debe casarse y tener su propia esposa.

—1 Corintios 7:1–2

¿Quien puede encontrar una buena esposa? Porque ella vale mucho más que los rubíes que te hacen rico.

—Proverbios 31:10

Pero si un hombre tiene las fuerzas de no casarse y sabe en su mente que no debe hacerlo, es sabio que no se case.

—1 Corintios 7:37

Ustedes no han sido tentados a pecar de un modo diferente de las demás personas. Pero Dios es fiel, y Él no permitirá que sean tentados más allá de lo que puedan soportar. Pero cuando ustedes son tentados al pecado, Él dará una salida para que no caigan en él.

—1 Corintios 10:13

❧

Estos son hombres que se han mantenido completamente puros. Siguen al Cordero por dondequiera que va. Han sido comprados por la sangre de Cristo, libertados de entre los hombres. Son los primeros dados a Dios y al Cordero.

—Apocalipsis 14:4

❧

El matrimonio deberá ser respetado por todos. Dios castigará a los que cometen pecados del sexo y no son fieles en el matrimonio.

—Hebreos 13:4

❧

¿No saben ustedes que sus cuerpos son parte de Cristo? ¿Voy a tomar una parte de Cristo y hacerla parte de una ramera, es decir: de una mujer que vende su cuerpo? No, jamás lo haré.

—1 Corintios 6:15

❧

El hombre que no se desespera cuando las pruebas llegan es feliz, porque cuando las pruebas pasen recibirá el premio de vida. Dios así lo ha prometido a aquellos que Le aman.

—Santiago 1:12

❧

Él mismo sufrió tentaciones. Por esa razón es poderoso para ayudarnos cuando somos nosotros tentados.

—HEBREOS 2:18

<hr>

Pero el Señor sabe ayudar a los suyos cuando son tentados. También sabe guardar a los pecadores, sufriendo por sus malas acciones hasta el día en que han de estar ante Dios, quien dirá que son culpables.

—2 PEDRO 2:9

<hr>

Él, como nuestro dirigente religioso, comprende que somos muy débiles. Él mismo fue tentado en todas las maneras en que lo somos nosotros; pero Él nunca pecó. Vayamos con toda confianza al lugar del favor de Dios. Recibiremos Su gran amor y Su bendición. Él nos ayudará cuando más lo necesitamos.

—HEBREOS 4:15–16

<hr>

PERDÓN

Pero Yo les digo: "Amen a los que les odian. Respeten y bendigan a los que hablen mal de ustedes. Hagan el bien a los que sientan odio por ustedes, oren por los que hacen maldades contra ustedes y por los que les causan dificultades. Entonces podrán llamarse hijos de su Padre que está en el cielo, que hace que el sol brille sobre los malos y sobre los buenos, que envía la lluvia sobre los justos y los injustos".

—MATEO 5:44–45

<hr>

Cuando estén orando, si tienen algo contra alguien, perdónenselo, para que su Padre que está en el cielo también les perdone a ustedes sus pecados.

—MARCOS 11:25

Si ustedes perdonan a otros el mal que les hacen, su Padre que está en los cielos les perdonará también a ustedes.

—MATEO 6:14

Pero amen a aquellos que los odian. Háganles el bien. Presten sus cosas y no esperen recibir nada. Su pago será mayor. Ustedes serán hijos del Altísimo. Él es bueno aun con aquellos que no Le dan gracias y que están llenos de pecado. Deben ser buenos y amables como su Padre es bueno y tiene amor. No digan lo que está mal en la vida de otras personas. Así otros no hablarán mal de ustedes. No digan que alguien es culpable. Así nadie los culpará. Perdonen a otros, y así serán perdonados. Den, y se les dará. Tendrán más que suficiente; medida apretada, más que llena, les será dada. De la misma manera que ustedes den a otros será como ustedes recibirán.

—LUCAS 6:35–38

Si el que les odia tiene hambre, denle de comer. Si tiene sed, denle agua. Si lo hacen así, harán que él tenga más vergüenza de sí mismo.

—ROMANOS 12:20

No digas: "Yo castigaré las ofensas". Espera en el Señor,
y Él tomará cuidado de ellas.

—PROVERBIOS 20:22

PEREZA

Procuren llevar una vida tranquila, aprendiendo a hacer
bien su propio trabajo, como les enseñamos antes. Al
hacerlo así, serán respetados por los que no son
cristianos. Entonces, no tendrán necesidades, y otros no
tendrán que ayudarles.

—1 TESALONICENSES 4:11-12

No sean perezosos, sino trabajen siempre con esfuerzo.
Trabajen para el Señor con un corazón lleno de amor.

—ROMANOS 12:11

El alma del perezoso tiene fuertes deseos pero no logra
nada, mas el alma del que hace lo mejor que puede logra
más de lo que necesita.

—PROVERBIOS 13:4

El que trabaja con manos perezosas es pobre, mas la
mano del que trabaja duro trae riquezas. El hijo que se
reúne en el verano durante la cosecha es sabio, mas el
hijo que duerme durante el tiempo de la cosecha trae
vergüenza.

—PROVERBIOS 10:4-5

Los que robaban ya no roben más. Deben trabajar, para que tengan lo que necesitan y que puedan dar ayuda a los pobres.

—EFESIOS 4:28

Cuando estuvimos con ustedes, les dijimos que si un hombre no trabaja, no debe comer. Oímos decir que algunos no están trabajando, sino que pasan el tiempo viendo lo que otros hacen. A ellos les decimos, en nombre de nuestro Señor Jesucristo, que se callen. Que se pongan a trabajar, para que coman sus propios alimentos.

—2 TESALONICENSES 3:10–12

Aquel que trabaja su tierra tendrá más que suficiente, mas el que pierde su tiempo se empobrecerá mucho.

—PROVERBIOS 28:19

Hay mucha comida en la tierra labrada del pobre, mas se le es quitada por hacer el mal.

—PROVERBIOS 13:23

Yo pasé por el campo del hombre holgazán, por los viñedos del hombre sin entendimiento. Y vi que estaba lleno de espinas. El terreno estaba cubierto de cizaña y su muro estaba quebrado. Cuando lo vi, medité sobre esto. Miré y recibí enseñanza: "Un poco de sueño, un poco de siesta, un poco de cruzarse de brazos para descansar", y tu pobreza vendrá como ladrón, y tu necesidad como un hombre listo para pelear.

—PROVERBIOS 24:30–34

El agricultor, para recibir los frutos, debe trabajar primero.

—2 Timoteo 2:6

No ames el dormir, o te convertirás en pobre. Abre tus ojos, y tus graneros serán llenados con alimento.

—Proverbios 20:13

El camino del haragán se llena de espinos, mas el camino del fiel es una buena ruta.

—Proverbios 15:19

Los planes de aquellos que hacen lo mejor que pueden, lleva solamente a que tengan todo lo que necesiten, mas todos aquellos que están apurados se quedan deseando.

—Proverbios 21:5

La mano de aquellos que hacen su mejor esfuerzo gobernará, mas la mano del vago será para trabajar.

—Proverbios 12:24

Aquel que trabaja su tierra tendrá todo el pan que necesita, mas aquel que sigue lo que no es valioso, no tiene sabiduría.

—Proverbios 12:11

Está atento a lo que tu rebaño está haciendo, y mantén tu mente en tu ganado.

—Proverbios 27:23

Habrá suficiente leche de cabras para tomar, para toda tu casa, y trabajo para las mujeres jóvenes.

—PROVERBIOS 27:27

⸺⸺

Esto es lo que he visto que es bueno y recto: "comer y beber y ser feliz en todo el trabajo que uno hace bajo el sol durante los pocos años de vida que Dios le ha dado. Porque ésta es su paga. Y para el hombre a quien Dios le ha dado riquezas y prosperidad, Él también le ha dado el derecho de comer de ellas, recibir su pago y ser feliz en su trabajo. Este es el regalo de Dios.

—ECLESIASTÉS 5:18–19

⸺⸺

POBREZA

Porque Él sacará del problema a aquel en necesidad cuando clama por ayuda, y al pobre que no tiene quien lo ayude. Él tendrá compasión de los débiles y los necesitados. Él salvará la vida de aquellos en necesidad.

—SALMO 72:12–13

⸺⸺

Mas Él levanta a aquellos en necesidad y los saca de sus problemas. Él hace crecer sus familias en gran número.

—SALMO 107:41

⸺⸺

Porque el Señor escucha a aquellos que están en necesidad, y no odia a Su pueblo en prisión.

—SALMO 69:33

⸺⸺

¡Canten al Señor! ¡Alaben al Señor! Porque Él ha librado el alma del necesitado de la mano del pecador.

—JEREMÍAS 20:13

Él responderá la oración de los que están en necesidad. Él no ignorará sus oraciones.

—SALMO 102:17

Él levanta del polvo al pobre. Él levanta de las cenizas a aquellos en necesidad.

—SALMO 113:7

Yo la prosperaré. Y les daré a sus pobres mucho pan.

—SALMO 132:15

Oh Dios, Tú le das al pobre lo que ellos necesitan porque Tú eres bueno.

—SALMO 68:10

Mas Él juzgará al pobre con justicia y bondad. Él será justo en lo que Él decida para la gente de la tierra quienes tienen tantos problemas.

—ISAÍAS 11:4

Aquellos que sufren comerán y tendrán suficiente. Aquellos que buscan al Señor Le alabarán. ¡Que tu corazón viva para siempre!

—SALMO 22:26

Aquellos que sufren serán más felices en el Señor.
Aquellos que están en necesidad tendrán gozo en el
Santo de Israel.

—ISAÍAS 29:19

PREOCUPACIÓN

No tengan cuidado. Aprendan a orar por todo. Al pedir
a Dios lo que necesiten, denle también las gracias. La
paz de Dios es mucho más grande que lo que nuestras
mentes humanas pueden entender. Esta paz guardará
sus corazones y mentes en Cristo Jesús.

—FILIPENSES 4:6–7

Dios es nuestro lugar seguro y nuestra fuerza. Él está
siempre listo para ayudarnos cuando estamos en
problemas. Así que no temeremos, aunque la tierra
tiemble y las montañas caigan en el centro del mar, y
aun si sus aguas se vuelven salvajes con la tormenta y las
montañas tiemblen por ellas.

—SALMO 46:1–3

Y mi Dios les dará todo lo que necesiten, de acuerdo
con las riquezas que son de él en Cristo Jesús.

—FILIPENSES 4:19

El Señor guarda a salvo a aquellos que sufren. Él es un
refugio en tiempos de problemas.

—SALMO 9:9

Él será como un árbol plantado junto al agua, que
extiende sus raíces hacia el río. No temerá cuando el
calor venga y sus hojas estarán verdes. No tendrá
problema en un año de sequía ni dejará de dar su fruto.

—JEREMÍAS 17:8

Entonces, Jesús le dijo: "Marta, Marta, estás preocupada
e inquieta por muchas cosas. Sólo unas pocas cosas son
importantes, o, más bien, sólo una. María ha escogido lo
mejor, y no le será quitado".

—LUCAS 10:41–42

Tú eres mi lugar de refugio. Tú me guardas del peligro.
Estoy rodeado de tus cantos de liberación.

—SALMO 32:7

Él me llamará, y Yo le responderé. Yo estaré con él
cuando esté en problemas. Yo lo libraré del peligro y lo
honraré.

—SALMO 91:15

Somos apretados por todos lados, pero aún tenemos
lugar para movernos. A menudo estamos en apuros, pero
nunca nos desanimamos. La gente nos persigue, pero no
estamos solos. Nos golpean, pero no nos destruyen.

—2 CORINTIOS 4:8–9

Sabemos que Dios hace que todas las cosas sean para
bien a los que Le aman y han sido escogidos para
formar parte de Su plan.

—ROMANOS 8:28

El ser recto y bueno traerá paz. De hacer lo recto y lo bueno vendrá la calma y la confianza para siempre.

—ISAÍAS 32:17

No estén preocupados, ni digan: "¿Qué vamos a comer?" o "¿qué vamos a beber?" o "¿con qué vamos a vestirnos?" La gente que no conoce a Dios busca todas estas cosas. El Padre que está en los cielos sabe que ustedes necesitan todo eso.

—MATEO 6:31–32

Entréguenle a Él todas sus preocupaciones, porque Él les cuida.

—1 PEDRO 5:7

PRISIONEROS

Aunque te lleven hasta el fin de la tierra, el Señor tu Dios te recogerá y traerá de regreso.

—DEUTERONOMIO 30:4

Porque el Señor oye a aquellos que están en necesidad, y no odia a Su pueblo en prisión.

—SALMO 69:33

Él los sacó de la oscuridad y de la sombra de muerte. Y Él rompió sus cadenas.

—SALMO 107:14

Él ayuda a aquellos quienes tienen gobernadores opresores sobre ellos. Él da comida al hambriento. Y Él libra a los que están en prisión.

—SALMO 146:7

⸙

Dios da un hogar a aquellos que están solos. Él guía a los hombres fuera de la prisión hacia la felicidad y el bienestar. Mas aquellos que pelean contra Él, viven en un desierto.

—SALMO 68:6

⸙

El Señor dice: "Aun aquellos que han sido tomados por el opresor serán librados de él. Aquellos que han sido tomados por gobernadores poderosos serán salvados. Porque Yo pelearé contra el que pelea contigo y salvaré a tus hijos".

—ISAÍAS 49:25

⸙

PROTECCIÓN DE DIOS

El nombre del Señor es Torre Fuerte. El hombre justo corre a Él y está a salvo.

—PROVERBIOS 18:10

⸙

El ángel del Señor está cerca de los que Le temen y los libera de sus peligros.

—SALMO 34:7

⸙

Porque los ojos del Señor se mueven sobre la toda la tierra para dar fuerzas a aquellos que se han dado a Él con un corazón sincero.

—2 CRÓNICAS 16:9

⸙

El Señor te guardará de todo lo que es pecado. Él cuidará tu alma. Él te cuidará cuando entres y salgas, ahora y para siempre.

—Salmo 121:7–8

～

No temerás cuando te acuestes. Cuando descanses, tu sueño será dulce.

—Proverbios 3:24

～

¿Quién les hará daño si hacen el bien?

—1 Pedro 3:13

～

Que aquel que el Señor ama viva por Él y esté seguro. El Señor lo cubre todo el día y él vive entre Sus hombros.

—Deuteronomio 33:12

～

Porque has hecho del Señor tu refugio, y al Más Alto tu lugar para vivir, nada te pasará. Nada te hará daño. Ningún peligro vendrá cerca de tu tienda.

—Salmo 91:9–10

～

Mas ahora el Señor Quien te ha creado, oh Jacob, y el Señor Quien te ha formado oh Israel, dice: "¡No temas. Porque Yo te he comprado y te hecho libre. Te he llamado por tu nombre. Tú eres Mío!" Cuando pases sobre las aguas, Yo estaré contigo. Cuando pases por los ríos, estos no se inundarán sobre ti. Cuando camines a través del fuego, no te quemarás. El fuego no te destruirá.

—Isaías 43:1–2

～

Él no temerá las malas noticias. Su corazón es fuerte porque él confía en el Señor.

—SALMO 112:7

⸺◈⸺

Ellos no estarán más, bajo el poder de las naciones. Y los animales salvajes de la tierra no los comerán. Mas bien estarán a salvo y nadie les hará temer.

—EZEQUIEL 34:28

⸺◈⸺

Pero el que Me escucha vivirá libre de peligro, y no se preocupará del temor de lo que es pecaminoso.

—PROVERBIOS 1:33

⸺◈⸺

Me recostaré y dormiré en paz. Oh Señor, sólo Tú me proteges.

—SALMO 4:8

⸺◈⸺

Enséñame tus caminos, oh Señor. Porque hay muchos que pelean contra mí, guíame por el camino recto.

—SALMO 27:11

⸺◈⸺

RECTITUD

Porque nuestro Señor y Dios es nuestra luz y protección. Él nos da favor y honor. Él no retiene ninguna bendición a aquellos que caminan en lo recto.

—SALMO 84:11

⸺◈⸺

Los leoncillos sufren hambre. Mas al que busca al Señor no le faltará de nada.

—Salmo 34:10

———— ∞ ————

Aquello que el pecador teme, le sobrevendrá, y lo que el justo delante de Dios desea le será dado.

—Proverbios 10:24

———— ∞ ————

Problemas, siguen a los pecadores; mas cosas buenas les serán dadas a los rectos ante Dios.

—Proverbios 13:21

———— ∞ ————

El hombre bueno recibe favor del Señor, pero Él castigará al que hace planes pecaminosos.

—Proverbios 12:2

———— ∞ ————

Busquen primero el reino de Dios y la vida correcta que a Él Le gusta. Luego recibirán también todas estas cosas.

—Mateo 6:33

———— ∞ ————

El que confía en sus riquezas caerá, mas aquellos que son rectos ante Dios crecerán como hojas verdes.

—Proverbios 11:28

———— ∞ ————

Y los hombres dirán: "De seguro habrá recompensa para aquellos que son rectos y buenos. De seguro hay un Dios que dice quien es culpable o no en la tierra".

—Salmo 58:11

———— ∞ ————

Porque Tú harás felices a aquellos que hacen lo recto,
oh Señor. Tú los cubrirás con Tu favor.

—SALMO 5:12

⸺⸙⸺

Pablo, Apolos y Pedro pertenecen a ustedes. El mundo,
la vida y la muerte pertenecen a ustedes. Las cosas
presentes y las que vienen pertenecen a ustedes.
Ustedes pertenecen a Cristo, y Cristo pertenece a Dios.

—1 CORINTIOS 3:22–23

⸺⸙⸺

Dios no guardó para sí a Su propio Hijo, sino que nos
lo dio a todos nosotros. Entonces, con Su Hijo, ¿no nos
dará también todas las cosas?

—ROMANOS 8:32

⸺⸙⸺

Diles a aquellos que son justos y derechos que les irá
bien. Porque gozarán el fruto de lo que hacen.

—ISAÍAS 3:10

⸺⸙⸺

De seguro, me darás bien y misericordia todos los días
de mi vida. Entonces viviré contigo en Tu casa para
siempre.

—SALMO 23:6

⸺⸙⸺

REDENCIÓN DEL PECADO

Tendrá un hijo, y tú Le pondrás el nombre de Jesús,
porque Él salvará a Su pueblo del castigo de sus pecados.

—MATEO 1:21

⸺⸙⸺

Varones hermanos, escuchen esto. Sus pecados pueden ser perdonados a través de Éste del cual estoy hablando.

—HECHOS 13:38

⊶⊷

Ustedes saben que Cristo vino a quitar nuestros pecados, porque en Él no hay pecado.

—I JUAN 3:5

⊶⊷

Hijitos queridos, les estoy escribiendo todo esto para que no vayan a pecar. Pero si alguno peca, tiene quien lo defienda ante el Padre. Él es Jesucristo, el único que no hizo pecado. Él pagó por nuestras culpas con Su propia sangre, y no sólo por nuestros pecados, sino por los de todo el mundo.

—I JUAN 2:1–2

⊶⊷

Él cargó nuestros pecados en Su propio cuerpo cuando murió en la cruz, para que haciendo esto podamos morir al pecado y vivir ante todos lo que es recto y bueno. Ustedes han sido sanados por las heridas de Cristo.

—I PEDRO 2:24

⊶⊷

Lo que digo es cierto, y todo el mundo debe aceptarlo. Jesucristo vino al mundo para salvar a los pecadores. Yo soy el peor de todos.

—I TIMOTEO 1:15

⊶⊷

Porque con una sola ofrenda hizo perfectos para siempre a los escogidos.

—HEBREOS 10:14

⊶⊷

Al día siguiente, Juan el bautista vio a Jesús viniendo hacia él. Y les dijo: "¡Miren! ¡El Cordero de Dios que quita el pecado del mundo!"

—JUAN 1:29

———

Pero Él fue herido por nuestras ofensas. Él fue torturado por nuestros pecados. Él fue castigado para que nosotros pudiéramos tener paz. Él fue lastimado para que nosotros seamos sanados. Todos nosotros, como ovejas, escogimos el camino equivocado. Y el Señor ha puesto sobre Él el pecado de todos.

—ISAÍAS 53:5–6

———

Por la sangre de Cristo, somos comprados y hechos libres del castigo del pecado. Por Su sangre, nuestros pecados son perdonados, según Su gran favor hacia nosotros.

—EFESIOS 1:7

———

Cristo se dio a sí mismo a la muerte por nuestros pecados para que nosotros fuéramos salvados de este mundo pecador. Dios quería que Cristo hiciera esto.

—GÁLATAS 1:4

———

Es lo mismo con Cristo. Se dio una vez para quitar los pecados de muchos. Cuando venga por segunda vez, no necesitará darse otra vez por los pecados. Mas bien, salvará a todos los que Le están esperando.

—HEBREOS 9:28

———

SABIDURÍA

Pero, si le falta a alguien buen entendimiento, pídaselo a
Dios, que Él se lo dará. Está siempre listo a darlo, y
nunca dice que no deben pedir.

—SANTIAGO 1:5

Él nos enseñará Sus caminos, para que caminemos en
ellos. Porque la Ley saldrá de Sion, y la Palabra del
Señor de Jerusalén.

—ISAÍAS 2:3

Te mostraré y te enseñaré el camino por donde debes ir.
Tendré Mis ojos puestos en ti, y te diré qué debes hacer.

—SALMO 32:8

Porque Dios le ha dado sabiduría, entendimiento y
gozo a la persona que es buena a los ojos de Dios.

—ECLESIASTÉS 2:26

Entonces entenderás el temor del Señor, y encontrarás
el conocimiento de Dios. Porque el Señor da sabiduría.
Mucho conocimiento y entendimiento viene de Su
boca. Él guarda sabiduría perfecta para aquellos que
están bien con Él. Él es un refugio para aquellos quienes
son rectos en su caminar.

—PROVERBIOS 2:5–7

Lo veo, Tú quieres que haya verdad muy dentro del
corazón. Y Tú me enseñarás sabiduría en lo secreto.

—SALMO 51:6

Sabemos que el Hijo de Dios ha venido. Él nos ha dado
entendimiento para conocer al Dios verdadero.
Estamos unidos con el Dios verdadero por medio de Su
Hijo Jesucristo. Él es el Dios de verdad; y esta es la vida
que dura para siempre.

—1 JUAN 5:20

Yo daré honor y gracias al Señor, Quien me ha dicho lo
que debo hacer. Sí, aun de noche mi mente me enseña.

—SALMO 16:7

Dios mandó que la luz brillara en la oscuridad. Él es
quien hace brillar Su luz en nuestros corazones. Esto
nos trae la luz del conocimiento de la gloria de Dios, la
cual se ve en el rostro de Cristo.

—2 CORINTIOS 4:6

El perverso no entiende lo que es recto y justo, mas
aquellos que buscan al Señor entienden todas las cosas.

—PROVERBIOS 28:5

SALVACIÓN

En un tiempo, ustedes estuvieron muertos a causa del
pecado.

—EFESIOS 2:1

Jesús le dijo: "En verdad te digo, a menos que un hombre nazca de nuevo, no puede ver el reino de Dios". Nicodemo le preguntó: "¿Cómo puede un hombre nacer de nuevo cuando ya es grande? ¿Cómo puede entrar al cuerpo de su madre y nacer por segunda vez?" Jesús le contestó: "En verdad te digo, a menos que un hombre nazca de agua y del Espíritu de Dios, no podrá entrar en el reino de Dios. El que es nacido de la carne, carne es. El que es nacido del Espíritu, espíritu es. No te sorprendas de lo que te digo: 'Tú tienes que nacer otra vez'".

—JUAN 3:3–7

⊷⊶

Estas palabras son verdaderas. Todos pueden confiar en ellas. A causa de esto, nos esforzamos en trabajar y aceptamos los sufrimientos. Hemos puesto nuestra esperanza en el Dios vivo, quien salvará del castigo del pecado a todos los que creen en Él.

—1 TIMOTEO 4:9–10

⊷⊶

De manera que si alguien pertenece a Cristo, es una nueva persona. La vida antigua terminó, y ha empezado una vida nueva.

—2 CORINTIOS 5:17

⊷⊶

Esto es bueno y agradable a Dios nuestro Salvador. Él quiere que todos los hombres sean salvos del castigo del pecado y que lleguen a conocer la verdad.

—1 TIMOTEO 2:3–4

⊷⊶

Hijitos queridos, les estoy escribiendo todo esto para que no vayan a pecar. Pero si alguno peca, tiene quien lo defienda ante el Padre. Él es Jesucristo, el único que no hizo pecado. Él pagó por nuestras culpas con Su propia sangre, y no sólo por nuestros pecados, sino por los de todo el mundo.

—1 JUAN 2:1–2

꧁꧂

Cristo nunca pecó, pero Dios puso nuestros pecados sobre Él. Así que hemos sido perdonados completamente y somos aceptados por Dios a causa de lo que Cristo hizo a nuestro favor.

—2 CORINTIOS 5:21

꧁꧂

Cuando estaban muertos en sus pecados, no estaban libres de las cosas malas del mundo. Pero Dios les perdonó los pecados y les dio nueva vida, por medio de Cristo.

—COLOSENSES 2:13

꧁꧂

El don de Dios sin precio no es como el pecado de Adán. Muchos murieron por el pecado de ese hombre Adán, pero el favor de Dios vino también sobre muchos. Este regalo llegó también por un hombre, Jesucristo, el Hijo de Dios.

—ROMANOS 5:15

꧁꧂

Pero Dios, el Salvador, demostró Su bondad y Su amor hacia nosotros, salvándonos del castigo del pecado. Eso no fue porque nos esforzamos en hacer las paces con Dios, sino por Su gran favor. Así Él limpió nuestros pecados. Al mismo tiempo, nos dio nueva vida cuando el Espíritu Santo entró en nuestras vidas. Su Espíritu fue derramado sobre nosotros por Jesucristo, el Salvador.

—Tito 3:4–6

Seguridad

Dios es nuestro lugar seguro y nuestra fuerza. Él está siempre listo para ayudarnos cuando estamos en problemas. Así que no temeremos, aunque la tierra tiemble y las montañas caigan en el centro del mar, y aun si sus aguas se vuelven salvajes con la tormenta y las montañas tiemblen con su acción.

—Salmo 46:1–3

El Señor es mi roca, y mi refugio, el que me saca de todas mis angustias. Mi Dios es mi roca en Quien estoy seguro. Él es mi amparo, mi fortaleza y mi torre fuerte.

—Salmo 18:2

Porque Él no se ha alejado del sufrimiento de aquel que está en dolor o problemas. Él no ha escondido Su cara del necesitado. Por el contrario, Él ha escuchado su clamor por ayuda.

—Salmo 22:24

Aunque me encuentre con problemas, Tú mantendrás mi vida segura. Tú levantarás Tu mano contra el enojo de aquellos que me odian. Y Tu mano derecha me salvará.

—SALMO 138:7

Así como hemos sufrido mucho por Cristo y como hemos participado de Sus sufrimientos, también tendremos parte en Su gran consuelo.

—2 CORINTIOS 1:5

El Señor es bueno, un lugar seguro en tiempo de problemas. Y Él conoce a aquellos que vienen a Él para ser salvos.

—NAHUM 1:7

Pero la salvación de aquellos quienes son justos ante Dios viene del Señor. Él es su fuerza en el tiempo de la tribulación.

—SALMO 37:39

Entrégale todos tus problemas al Señor y Él te dará fuerzas. Él nunca dejará que aquellos que están bien con Él sean zarandeados.

—SALMO 55:22

Vengan a Mí, todos los que están cansados y que llevan cargas pesadas. Yo les daré descanso.

—MATEO 11:28

Cuando alguien tropiece, no quedará caído, porque el Señor lo sostiene de Su mano.

—SALMO 37:24

Les digo estas cosas para que ustedes puedan tener paz en Mí. Tendrán muchos problemas en el mundo. ¡Pero tengan valor! ¡Yo he vencido al mundo!

—Juan 16:33

El Señor guarda a salvo a aquellos que sufren. Él es un refugio en tiempos de problemas.

—Salmo 9:9

Porque el Señor no se alejará de un hombre para siempre. Porque si Él trae tristeza, Él también tendrá misericordia por Su gran amor. Él no quiere causar preocupaciones o tristezas para los hijos de los hombres.

—Lamentaciones 3:31–33

Espera en el Señor. Sé fuerte. Deja que tu corazón sea fuerte. Sí, espera en el Señor.

—Salmo 27:14

Soledad

No los dejaré sin ayuda, como a niños sin padres. Vendré a ustedes.

—Juan 14:18

Porque estoy afligido y necesitado el Señor pensará en mí. Tú eres quien me ayuda y me hace libre. Oh mi Dios, no te tardes.

—Salmo 40:17

Entonces tú llamarás, y el Señor responderá. Tú llorarás, y Él dirá: "Aquí estoy".

—ISAÍAS 58:9

Mira, Yo estoy contigo. Yo guardaré de ti dondequiera que vayas. Y Te traeré de regreso a esta tierra. Porque no Te dejaré hasta que haya hecho todas las cosas que Te prometí que haría contigo.

—GÉNESIS 28:15

Tú eres de gran valor ante Mis ojos. Tú eres honrado y Yo te amo.

—ISAÍAS 43:4

"Yo seré un Padre para ustedes, y ustedes serán Mis hijos e hijas", dice el Señor Todopoderoso.

—2 CORINTIOS 6:18

Cuando tienen a Cristo, están completos. Él es la cabeza sobre todos los dirigentes y los poderes.

—COLOSENSES 2:10

TRABAJO

Entonces Dios honró el séptimo día y lo declaró santo, porque Él descansó en este día de todo el trabajo que había hecho.

—GÉNESIS 2:3

El Señor abrirá para ti Su buen granero, los cielos. Él dará lluvia para tu tierra en el tiempo exacto. Él traerá bien a todo el trabajo que haces. Tú darás a muchas naciones. Mas tú no usarás nada que le pertenezca a ellos.

—DEUTERONOMIO 28:12

Sé fuerte. No desmayes. Porque recibirás pago por tu trabajo.

—2 CRÓNICAS 15:7

Todo el trabajo que él comenzó en la casa de Dios, obedeciendo las Leyes y buscando a su Dios, lo hizo con todo su corazón y todo le fue bien.

—2 CRÓNICAS 31:21

Jesús les dijo: "Mi comida es hacer lo que Dios quiere que haga y terminar Su trabajo".

—JUAN 4:34

Entonces la gente le preguntó: "¿Cuáles son las obras que Dios quiere que hagamos?" Y Jesús les dijo: "Esta es la obra de Dios. Que ustedes crean en Aquel a quien Dios envió".

—JUAN 6:28–29

Yo te di honor en la tierra e hice el trabajo que Me diste que hiciera. Ahora, Padre, hónrame con el honor que tuve contigo antes de que el mundo fuera hecho.

—JUAN 17:4–5

El joven se hace conocer por sus acciones y demuestra si sus caminos son puros y rectos.

—PROVERBIOS 20:11

———

Así que, hermanos, por causa de todo esto, sean fuertes. No permitan que nadie cambie lo que ustedes piensan. Siempre hagan bien su trabajo en la obra del Señor. Sepan que cualquier cosa que hagan por el Señor no es en vano.

—1 CORINTIOS 15:58

———

Entonces sus vidas serán agradables para el Señor. Harán toda clase de buenas obras y conocerán más de Dios.

—COLOSENSES 1:10

———

Procuren llevar una vida tranquila, aprendiendo a hacer bien su propio trabajo, como les enseñamos antes. Al hacerlo así, serán respetados por los que no son cristianos. Entonces, no tendrán necesidades, y otros no tendrán que ayudarles.

—1 TESALONICENSES 4:11-12

———

Dios siempre hace lo justo. No se olvidará del trabajo que ustedes hicieron para ayudar a sus hermanos cristianos y del que siguen haciendo para ayudarlos. Esto demuestra el amor de ustedes para Cristo. Queremos que cada uno de ustedes siga trabajando hasta el fin. Entonces, pasará lo que están esperando.

—HEBREOS 6:10-11

———

A menos que el Señor construya la casa, sus constructores trabajan en vano. A menos que el Señor cuide la ciudad, los atalayas están despiertos en vano.

—SALMO 127:1

Algo bueno viene de todo trabajo. Pero el hablar solamente nos lleva a ser pobres.

—PROVERBIOS 14:23

VANAGLORIA

Hay quienes son puros ante sus propios ojos, pero no están lavados de su propia tierra. Hay muchos que piensan de ésta manera, oh, ¡cuánto orgullo hay en sus ojos!

—PROVERBIOS 30:12–13

El camino del necio está justo en sus propios ojos, mas el sabio escucha la buena enseñanza.

—PROVERBIOS 12:15

¡Es malo para aquellos que se creen que son sabios y quienes piensan que lo saben todo!

—ISAÍAS 5:21

Tú dices: "Yo no soy culpable. De seguro Él ha quitado Su enojo de mí". Porque has dicho: "Yo no he pecado", te castigaré.

—JEREMÍAS 2:35

¿Has visto al hombre que se cree sabio? Hay más esperanza en el necio que en él.

—PROVERBIOS 26:12

Si alguien piensa que es importante, no siendo nada, se está engañando a sí mismo.

—GÁLATAS 6:3

Si alguien quiere tener orgullo, debe tenerlo en la obra del Señor. Lo importante no es lo que un hombre piensa y dice de sí mismo, sino lo que Dios piensa de él.

—2 CORINTIOS 10:17–18

Todos nosotros hemos venido a ser como un impuro. Todas nuestras obras rectas y buenas son como trapos sucios. Y todos nos secamos como hojas. Nuestros pecados nos arrastran como el viento.

—ISAÍAS 64:6

El hombre orgulloso comienza pleitos, mas todo le irá bien a aquel que confía en el Señor. Aquel que confía en su propio corazón es necio, mas aquel que camina en sabiduría estará a salvo.

—PROVERBIOS 28:25–26

Entonces Jesús les dijo: "Ustedes son la clase de personas que se hacen parecer buenas delante de otros, pero Dios conoce sus corazones. Lo que el hombre piensa que es bueno es odiado por Dios".

—LUCAS 16:15

Deja que otro hombre te alabe, y no tu propia boca.
Que sean los labios del extraño y no los tuyos propios.

—PROVERBIOS 27:2

⸺⸎⸺

Y Jesús les respondió: "Si ustedes fueran ciegos, no
tendrían culpa de pecado. Pero como dicen: 'Vemos',
entonces son culpables de sus pecados".

—JUAN 9:41

⸺⸎⸺

VERGÜENZA

Las escrituras dicen: "Todo aquel que en Él creyere, no
será avergonzado".

—ROMANOS 10:11

⸺⸎⸺

No seré avergonzado cuando respeto Tu Palabra.

—SALMO 119:6

⸺⸎⸺

La esperanza no deshonra, porque el amor de Dios ha
entrado en nuestros corazones por el Espíritu Santo que
nos es dado.

—ROMANOS 5:5

⸺⸎⸺

Por esta razón, estoy sufriendo; pero no me avergüenzo,
porque conozco a aquel en quién he creído. Estoy
seguro de qué le he confiado, hasta el día en que Él
venga de nuevo.

—2 TIMOTEO 1:12

⸺⸎⸺

Las sagradas escrituras dicen: "¡Escucha! Pongo en Jerusalén una piedra en la que se tropezará la gente, y se caerá. Pero la persona que ponga su confianza en esa piedra (Cristo) no será avergonzada".

—ROMANOS 9:33

Haz lo mejor que puedas para saber que Dios está contento de ti. Actúa como un obrero que no tiene de qué avergonzarse. Enseña las palabras de verdad en la forma correcta.

—2 TIMOTEO 2:15

Pero si un hombre sufre como cristiano, no debe avergonzarse. Debe dar gracias a Dios de que es cristiano.

—1 PEDRO 4:16

Que mi corazón esté sin culpa en Tu Ley. No dejes que sea para vergüenza.

—SALMO 119:80

VIDA ETERNA

La muerte vino por causa de un hombre, Adán. Que seamos levantados de los muertos también viene por causa de un hombre, Cristo.

—1 CORINTIOS 15:21

Porque en verdad les digo que el que cree en Mí tendrá vida que dura para siempre.

—JUAN 6:47

Jesús le contestó: "Yo soy Aquel que levanta a los muertos y les da vida. Cualquiera que cree en Mí aunque muera, volverá a vivir. Cualquiera que vive y cree en Mí nunca morirá. ¿Crees esto?"

—JUAN 11:25–26

Permítanme decirles un secreto. No todos vamos a morir, pero todos vamos a ser cambiados. En muy poco tiempo, en un abrir y cerrar de ojos, los cristianos que están muertos van a ser levantados. Esto va a pasar cuando suene la trompeta. Los muertos serán levantados para nunca más morir. Luego todos nosotros que vivimos, seremos cambiados. Nuestros cuerpos humanos hechos de polvo, y que pueden morir, serán cambiados en un cuerpo que no puede ser destruido. Nuestros cuerpos humanos que pueden morir serán cambiados en cuerpos que nunca morirán. Cuando lo que puede ser destruido haya sido cambiado en lo que no puede ser destruido, y cuando lo que muere haya sido cambiado en lo que no puede morir, entonces será llevado a cabo lo que dicen las sagradas escrituras: "La muerte ya no tiene poder sobre la vida".

—1 CORINTIOS 15:51–54

Y Él ha prometido darnos la vida que dura para siempre.

—1 JUAN 2:25

Les he escrito estas cosas a ustedes que creen en el nombre del Hijo de Dios, para que sepan que tienen vida para siempre.

—1 JUAN 5:13

— ∞∞∞ —

No se sorprendan de esto. El tiempo viene cuando todos los que están en sus tumbas oirán Su voz, y ¡saldrán fuera! Los que han estado bien con Dios se levantarán y tendrán vida sin fin; los que han sido pecadores se levantarán para oír que son culpables y ser castigados.

—JUAN 5:28–29

— ∞∞∞ —

Porque el Señor mismo descenderá del cielo con grandes voces. El ángel principal hablará en voz alta. La trompeta de Dios sonará. Primeramente, los que son de Cristo serán levantados de sus tumbas para reunirse con el Señor.

—1 TESALONICENSES 4:16

— ∞∞∞ —

Por esta razón están delante del trono donde Dios se sienta como Rey. Le ayudan de día y de noche en la casa de Dios. Y aquel que se sienta ahí los cuidará estando entre ellos. Nunca tendrán hambre o sed otra vez. El sol o el calor no les dañará. El Cordero que está en el centro del lugar en donde el Rey se sienta será su pastor. Ellos llevarán las fuentes del agua de vida. Dios quitará todas las lágrimas de sus ojos.

—APOCALIPSIS 7:15–17

— ∞∞∞ —

Porque Dios amó tanto al mundo que dio a Su único Hijo, para que quien confía en el Hijo de Dios no se pierda sino que tenga una vida que dura para siempre.

—JUAN 3:16

∞

Lo mismo pasa con los que son levantados de los muertos. El cuerpo se vuelve polvo al ponerse en la tumba. Cuando el cuerpo sea levantado de la tumba, ya nunca más volverá a morir. No tiene grandeza al ponerse en la tumba, pero es levantado con grandeza que brilla. Es débil cuando se pone en la tumba, pero es levantado con poder. Cuando muere, no es más que un cuerpo humano; pero cuando es levantado de los muertos, ya es un cuerpo con la naturaleza de Dios, es decir: espiritual. Hay cuerpos humanos, y hay cuerpos espirituales. Las sagradas escrituras dicen: "El primer hombre, Adán, fue hecho alma viviente". Pero el último Adán (Cristo) es Espíritu que da vida. Primero tenemos estos cuerpos humanos. Después se nos dará un cuerpo espiritual que estará capacitado para ir al cielo.

—I CORINTIOS 15:42–46

∞

El Espíritu Santo levantó a Jesús de entre los muertos. Si el mismo Espíritu Santo vive en ustedes, Les dará vida a sus cuerpos, en la misma manera.

—ROMANOS 8:11

∞

Dios les secará todas sus lágrimas. No habrá más muerte, ni dolor, ni llanto, ni sufrimiento. Todas las cosas viejas han pasado.

—APOCALIPSIS 21:4

∞

Porque la paga del pecado es la muerte; pero el regalo de Dios es la vida que dura para siempre, la cual nos da nuestro Señor Jesucristo.

—ROMANOS 6:23

Aun después de que mi piel sea destruida, todavía mi carne verá a Dios. Yo mismo le veré. No con los ojos de otro, mas con mis propios ojos Le veré. Mi corazón se debilita dentro de mí.

—JOB 19:26–27

Si un hombre actúa para satisfacer su naturaleza, está perdido. Pero si hace lo que agrada al Espíritu Santo, salvará su vida para siempre.

—GÁLATAS 6:8

Muchos de aquellos que duermen en el polvo de la tierra se despertarán. Algunos tendrán vida que dura para siempre, pero otros tendrán vergüenza y sufrimiento para siempre.

—DANIEL 12:2

Tus muertos vivirán. Sus cuerpos se levantarán. Tú que estás en el polvo, despierta y grita de gozo. Porque así como el agua en la grama cada mañana trae vida, la tierra devolverá la vida a aquellos quienes han estado muertos.

—ISAÍAS 26:19

Porque Tú no me entregarás a la tumba. Y Tú no permitirás que Tu Santo vuelva al polvo.

—SALMO 16:10

Ahora tenemos conocimiento de Su plan por la aparición de Cristo Jesús, el Salvador. Él puso fin al poder de la muerte y trajo la vida que es para siempre. Las buenas nuevas nos dan poder para ver esta vida desde ahora.

—2 TIMOTEO 1:10

⸻

Esta es la palabra que Él habló. Dios nos ha dado la vida para siempre. Esta vida está en Su Hijo.

—1 JUAN 5:11

⸻

Nuestro cuerpo es como una casa que habitamos aquí en la tierra. Cuando sea destruido, sabemos que Dios tiene otro cuerpo para nosotros en el cielo. El nuevo cuerpo no será hecho de manos humanas como una casa. Este cuerpo durará para siempre.

—2 CORINTIOS 5:1

⸻

En la casa de Mi Padre, hay muchos cuartos. Si no fuera así, Yo se lo hubiera dicho. Me voy para prepararles un lugar. Después que Me vaya y prepare lugar para ustedes, regresaré y los llevaré conmigo. Entonces ustedes podrán estar donde Yo esté.

—JUAN 14:2–3

⸻

Sí, el Padre Me envió. Y Él no quiere que pierda a ninguno de todos los que Él Me ha dado. Quiere que los levante a vida en el último día. Y quiere que todos vean al Hijo y crean en Él para así tener vida que dura para siempre. A éstos, Yo los levantaré en el último día.

—JUAN 6:39–40

⸻

Pero los que vuelven a vivir después de morir ni se casan ni se dan en casamiento. Ya no pueden morir otra vez: son como los ángeles, hijos de Dios que han vuelto a vivir.

—LUCAS 20:35–36

—⦿—

Mis ovejas oyen Mi voz, Me conocen y Me siguen. Y les doy vida que dura para siempre. Nunca serán castigadas. Y nadie podrá quitarlas de Mi mano.

—JUAN 10:27–28

—⦿—

Quien coma Mi cuerpo y beba Mi sangre tiene vida que dura para siempre. Y Yo le levantaré en el último día.

—JUAN 6:54

—⦿—